Andersen

www.andersen-editions.com

Collection *Poésia*

La condition solitaire

DU MÊME AUTEUR
(sélection)

Poésie *(cycle « La vie paradoxale »)* :

LA MUTATION, Andersen, Paris, 2021.
L'ENTRE-DEUX, Andersen, Paris, 2017.
L'EXIL, Andersen, Paris, 2016.
(Plusieurs poèmes traduits en roumain et en turc.)

Romans & Nouvelles :

LE BEST-SELLER DE LA RENTRÉE LITTÉRAIRE, Andersen, Paris, 2014.
LA CATHÉDRALE, Orizons, Paris, 2010 (traduit en russe).
LE CHOIX DES ÂMES, Anne Carrière, Paris, 2008.
LA THÉORIE DE LA PETITE CLOCHE, Anne Carrière, Paris, 2003 (Prix Marianne. Prix Nature et Vie rurale. Traduit en ukrainien).
LES NÉNUPHARS DE BELGRADE, La Nuée Bleue, Strasbourg, 1999 (Lauréat du festival du premier roman de Laval. Prix des lycéens de Dole. Prix du pays de Neuf-Brisach. Traduit en serbe.)

Récits & Journal :

LES CHARMES DE BADEN-BADEN, Andersen, Paris, 2015 (avec Gérard de Nerval et Jean-Paul Klée).
NOUVEL AN À BRUXELLES, Andersen, Paris, 2014.
LE TOUR DE FRANCE DANS TOUS SES ÉTATS !, Orizons, Paris, 2013 (première édition Le Boulevard, 2006).
COULEUR MIRABELLE, Orizons, Paris, 2011.
ON N'EST AMOUREUX QU'À BICYCLETTE. JOURNAL D'UN TOUR DE FRANCE, Le Verger, Illkirch, 2002.

Études & Essais *(sélection)* :

FESSENHEIM ET LE DOGME NUCLÉAIRE FRANÇAIS, Andersen, Paris, 2019 (avec Jean-Marie Brom *et alii*).
LA QUERELLE DES LIVRES. PETIT ESSAI SUR LE LIVRE À L'ÂGE NUMÉRIQUE, Buchet-Chastel, Paris, 2012.
LES ÉCRIVAINS ET L'ARGENT, Orizons, Paris, 2012.

Le Reliquat scintillant. Pour une renaissance de la critique littéraire, Nizet, Saint-Genouph & Paris, 2005.

Les Mystères de Dracula : de Stoker à Coppola, Le Boulevard, Strasbourg, 2005.

Contes & Histoires (jeunesse) :

Le Fantôme de Dublin, Oskar, Paris, 2013 (Prix Chronos).

Léonard de Vinci, Actes Sud, Paris, 2010.

Oscar le renard et l'impala de la savane, Oskar, Paris, 2009 (Prix Les Mots-Dits. Traduit en italien et en persan).

La Source miraculeuse et autres contes des Caraïbes, Oskar, Paris, 2009.

Ti-Jean et le festin du roi, Nathan, Paris, 2007.

16 Contes de Grande-Bretagne, Flammarion, Paris, 2006 (nouvelle édition corrigée 2011. Traduit partiellement en anglais par l'auteur).

24 Contes des Antilles, Flammarion, Paris, 2004 (nouvelles éditions corrigées 2011 et 2022).

Théâtre :

En attendant le Tour de France, comédie jouée en Alsace en 2006 et 2014 (avec Sébastien Bizzotto).

Olivier Larizza a aussi publié une vingtaine d'études sur des écrivains (Mary Shelley, Charles Maturin, Oscar Wilde, Charles Nodier…) et sur le livre numérisé dans des revues nationales ou internationales ainsi que dans des ouvrages collectifs édités par Classiques Garnier, L'Échappée, L'Improviste, Artois Presses Université, les Presses Universitaires de Reims, *etc*. Il a préfacé une douzaine de livres et signé des traductions de l'anglais.

Olivier Larizza

La condition solitaire

Andersen
Paris

Tous droits de traduction, reproduction et adaptation
réservés pour tous pays.

Photo de couverture :
© Reha Yünlüel

ISBN 978-2-37285-013-1

Distribution Sodis (Gallimard)

© Andersen, Paris, 2023

Préface de l'auteur

Pratiquement tous les samedis mon copain Alexandre improvise chez lui un apéro dînatoire ; il envoie un SMS à ses convives potentiels en leur demandant d'apporter, outre leur bonne humeur, « un truc à boire ou à grignoter ». En honorant son invitation on ne sait jamais d'avance qui il y aura hormis quelques habitués (le répertoire de ce sinophile semble aussi long que la muraille de Chine). « La vie c'est comme une boîte de chocolats, dit Forrest Gump, on ne sait jamais sur quoi [ou sur qui] on va tomber. » En effet…

Hier soir, tout en m'entretenant de Pouchkine avec une Moscovite que je découvrais là, sous un squelette humain qui pendait au lustre du salon (nous étions juste après Halloween), je songeais à cette préface qu'il me fallait écrire… Comme j'écoutais la Russe exaltée et noyais mon scepticisme dans une piquette turque qui trônait sur la table, je fus frappé par une analogie : ouvrir un recueil de poèmes c'est un peu comme se rendre chez un hôte aussi accueillant & mystérieux que ce cher Alex. On ignore ce qu'il en ressortira : une parure de perles, une soupe de potiron & de navets, un ennui mortel (*un cadavre au dessert*) ou l'ivresse d'une révélation qui vous marquera longtemps… Plus qu'avec tout autre genre il me semble, il faut effectivement s'attendre, avec la poésie, au pire (souvent) comme au meilleur (rarement).

Cette fois-ci c'est donc moi qui régale ! J'ai la lourde tâche de vous divertir, vous intriguer et plus si affinités… Je vous souhaite à toutes & à tous la bienvenue chez moi, dans ma modeste caverne d'Ali-Baba (qui rime en interne parfois). Entrez donc, mesdames & messieurs ! Mais essuyez-vous d'abord les pieds sur le paillasson s'il vous plaît…

À celles & ceux qui me connaissent déjà, me lisent depuis quelques années – et je les remercie du fond du cœur, leur tire même mon chapeau de suivre un auteur aussi capricieux –, la parution du présent recueil constituera certainement une surprise. J'avais en effet annoncé dans le précédent (publié l'année dernière) que la poésie c'était en quelque sorte fini pour moi : j'avais arrêté cette drogue douce. Non par choix, mais parce que le filet d'eau qui avait jailli à la faveur d'une situation d'exil prolongé dans les tropiques alors que j'étais dans la fleur de l'âge, s'était naturellement tari. Les poèmes ne coulaient plus de source. Et cela avait coïncidé avec mon retour définitif en métropole en avril 2015. (Je ne refais pas toute l'histoire, qui se ventile à travers ces trois opuscules que sont *L'Exil*, *L'Entre-deux* et *La Mutation*, lesquels forment le cycle « La vie paradoxale » : tout un programme !…)

Comment donc expliquer ce revirement ?

Peut-être cela tient-il de famille : mon grand-père maternel, qui fumait depuis l'âge de dix-huit ans (d'abord des Gauloises sans filtre, avant d'opter, dans la dernière partie de sa vie, pour des cigarillos Niñas), disait : « J'arrête quand je veux ! » Il avait raison. Nous pûmes le vérifier plusieurs fois… Je suivrais donc une pente similaire – quoique moins nocive – en replongeant dans l'opium d'Orphée ?… Trêve d'ironie. La piste héréditaire ne suffit jamais, en littérature, à résoudre les problématiques. D'autres éléments entrent en ligne de compte.

D'abord une conjoncture globalement favorable : depuis trois ou quatre ans la poésie revient à la mode en France. Elle captive un cercle plus élargi de lecteurs – comme en attestent de récents succès de librairie – et intéresse à nouveau, quoique encore trop timidement, quelques grands médias[1]. Moi-même j'avais cet espoir de franchir les frontières du jardin secret ; il brillait d'autant plus dans mon esprit que des chroniqueurs importants ou avisés disaient attendre *La Mutation*[2], et cela me motiva certainement à reprendre la plume (je modalise mon propos car sur le moment c'était plutôt flou dans ma tête et je ne versifie évidemment pas pour être visible ou médiatisé, ce qui serait absurde). L'autre aspect du contexte qui me stimula était sanitaire : les restrictions imposées par la pandémie de Covid-19 – dont on a tous soupé ! – favorisaient le repli sur soi ; or la poésie ne peut surgir à mon sens que dans une attitude de repli, fût-elle temporaire, ou ne fût-elle qu'une posture.

À ce contexte général s'ajoutait une situation personnelle propice : début décembre 2021 je terminais à l'Université de Toulon ma salve semestrielle de cours, ce qui me donne toujours envie de me reposer des tâches concrètes et contraintes pour aller vers quelque chose de plus nourrissant, une sorte de « flânerie productive » que comble à merveille l'écriture poétique par son côté dilettante, facile, artistiquement rentable (un poème quotidien suffit de ce point de vue à rentabiliser la journée). Or il faisait dans le Sud un temps absolument splendide : l'été indien régna sur tout l'automne et l'hiver varois, chaque matin au réveil on tombait dans l'azur, et ce soleil-roi me poussait irrésistiblement à sortir, enfourcher mon vélo pour me rendre sur des lieux inspirants ou aller me poser en terrasse ou sur un banc (dans un parc, en bord de mer) avec du papier et un stylo[3]. *La Mutation* venait alors de paraître et chaque semaine j'en recevais des commentaires de la part de lecteurs anonymes mais aussi de gens (amis, connaissances, écrivains) que j'estime[4]. Cela m'encourageait. D'habitude pourtant – je le dis comme je le sens – je préfère qu'on ne me parle pas trop de mes livres et je n'aime pas les compliments littéraires : ils m'embarrassent et ne m'apportent rien ; j'apprécie davantage les critiques [argumentées] car elles permettent la remise en question[5]... Mais en poésie, dans ce genre si volatile, si aléatoire, si incertain, si impalpable, si insaisissable, si égotiste souvent, les éloges consolident le socle paradoxal d'une démarche autarcique qui s'ouvre à autrui. *And so they pave the way for the continuation...*

Voilà donc, si j'essaie de rationaliser, ce qui me fit replonger, ou plutôt ce qui raviva cette veine que je croyais éteinte. Mais tout cela n'épuise pas, tant s'en faut, l'alchimie imaginative, ce *je-ne-sais-quoi* qui provoque l'étincelle de la création. Et puisque je joue cartes sur table – la poésie est un art de la sincérité voilée – : en aurais-je à nouveau écrit s'il n'y avait pas eu cet amour iranien inouï qui s'est évanoui dans la nuit et que l'on devine dans le long texte préliminaire « Amoureux souviens-toi… » ? En aurais-je à nouveau écrit si je n'avais pas flashé (à Toulon) sur cette rouquine de Mannheim qui avait flashé sur moi dans une réalité qui ne serait pas à la hauteur des espérances et qui ainsi préparait – amorcerait ? – ce nouveau cycle d'écriture (*cf.* le poème inaugural « Haut-de-forme ») ? C'est toujours un consortium d'éléments qui concourent à déclencher l'acte créateur, et je ne puis ici élucider totalement ce processus mystérieux, surtout que ce n'est pas mon rôle ni mon intérêt, bien au contraire : le poète gagne toujours à se *mystériser*. La magie qu'il diffusera en dépend[6].

Cela étant – bonjour l'esprit de contradiction ! – il y a ici deux nouveautés qui l'atténueront, ce doux mystère poétique. La première a trait au *modus operandi*. J'ai suffisamment insisté, dans les paratextes des précédents recueils, sur ma manière fulgurante : je ne décidais pas d'écrire un poème, celui-ci me venait – *surgissait* – comme la foudre du ciel, très vite et d'un seul tenant (d'un seul éclair). J'emploie à dessein une métaphore romantique pour traduire un mode de création qui ne l'était pas moins – en tout cas je le considérais comme tel. Cette fois-ci au contraire, je me suis assigné la mission de COMPOSER un recueil *en faisant* un poème par jour[7]. Si je n'en contrôlais toujours pas la survenue, l'instant du déclic, j'en favorisais les circonstances, et après que le ou les premiers vers eurent fusé, il m'arrivait assez fréquemment de continuer le poème *au métier* – eh oui, je suis un homme d'expérience maintenant… – et parfois même au forceps. Comme si j'articulais sur la page mon propre inconscient… Étrange phénomène, dont vous jugerez le résultat.

En outre, étant empêché de voyager dans la *médicocratie*, le challenge que je m'étais lancé me conduirait *de facto* à respecter l'unité de temps et de lieu chère à la tragédie classique. Classiques et tragiques mes poèmes ne le sont pas du tout, mais ils se promènent tous [unité de lieu] entre les quartiers toulonnais de la Loubière, Saint-Jean-du-Var, Chalucet, la Mitre et le Mourillon ; deux fois dans la commune de La Garde (Var toujours) ; et trois fois seulement dans ma région natale du Grand Est. Ils virent pour la plupart le jour [unité de temps] entre décembre 2021 et avril-mai 2022, et se montrent poreux à l'actualité de cette époque. Leur écriture fut suivie et régulière, ne subissant que deux interruptions forcées de trois semaines chacune[8]. Ces textes appartiennent donc à la même dimension spatio-temporelle, ils correspondent à la même phase de mon existence dont ils forment une sorte de journal intime lyrique où affleurent les sentiments, l'enfance, les autres, la singularité de soi, le sens de la vie, les remords de la maturité… autant de choses qui nous tenaillent ou nous tenailleront tous un de ces jours.

La seconde nouveauté formelle de *La Condition solitaire*, par rapport à mes précédents recueils, constitue une petite innovation en poésie : l'ajout de notes de fin de volume, rédigées bien après coup par votre serviteur, et qui jettent une lumière sur certains aspects de son œuvre (c'est inquiétant là : je commence à parler de moi à la troisième personne…). Formulé ainsi cela fait très académique, mais ces notes ne le sont pas : j'y exprime une pensée, y précise un souvenir, y raconte des anecdotes qui suscitèrent telle strophe ou faciliteront son interprétation. Ce peut être un simple SMS, une conversation, une rencontre. C'est un matériau sans fard majoritairement issu de ma vie privée et qui s'avère donc en cohérence avec le projet littéraire, car encore une fois tous mes poèmes forment depuis l'origine (en 2006) une sorte de *coded diary* (un « diaire cabalistique » comme dirait l'autre[9]). Si j'ose espérer que ces notes bonus rétrospectives enrichiront agréablement cette narration transfigurée du quotidien, elles ont surtout une fonction d'éclairage (je dois avoir une âme d'électricien : encore un truc à creuser avec un psy…).

Certes, je ne me targue pas de révolutionner ainsi le genre, simplement je ne connais aucun autre poète qui pratique cela – Valérie Rouzeau, dans *Vrouz*, prix Apollinaire 2012 [bravo à elle!], insère des notes finales mais elles sont souvent sèches et ne servent qu'à expliciter les références et allusions culturelles qui parsèment ses textes-mosaïques. Je trouve cela presque dommage car l'une des jouissances de la lecture poétique réside justement dans la faculté à déceler (identifier) l'allusion : le poème est aussi un rébus, il invite – peut-être plus que toute autre forme de littérature – à un jeu[10]. Si l'auteur le prémâche, il le gâche. À l'inverse, indiquer des éléments biographiques ou personnels qui sinon demeureraient inaccessibles à autrui augmentera me semble-t-il son plaisir (notamment scopique ou voyeuriste). Quelques clés de lecture accroissent le plaisir de celle-ci *(surtout quand l'effet se recule…)* ; ouvrir toutes les portes & tous les passages secrets c'est mettre le trésor à ciel ouvert et en distribuer les perles aux cochons…

J'estime par conséquent que ce n'est pas forcément à moi de dire – ô prétérition ! – que tel ou tel vers emprunte à une chanson de Phil Collins ou d'Alain Souchon (c'est le cas en l'espèce), que tel titre renvoie à un film de Tim Burton, ou que stylo à la main je pensais à Shakespeare ici et à Capitaine Flam là (les deux étaient potes dans le passé mais se sont crêpé le chignon à cause d'une fille, ce sont des choses qui arrivent…) Assumons le fait que nous n'écrivons pas pour un lecteur lambda, moyen, bas de gamme mais pour des gens avertis, cultivés, sensibles, raffinés, exigeants (il en reste encore). Ce ne sont de toute façon pas les lectrices de Marc Lévy ou de Guillaume Musso qui me sauteront au cou, même si elles ne savent pas ce qu'elles perdent…

Au fond nous n'écrivons pas pour un type de lectrice mais pour un type de lecture : celle qui se fait au ralenti ou en profondeur, qui se veut attentive (qualitative) et se trouve être à l'opposé de celle qui prédomine actuellement, et qui lui porte gravement préjudice en conditionnant (formatant) les cerveaux, à savoir celle des écrans ou *e-reading* (textos, mails, *chats*, posts, tags, *fucks*) qui est une lecture hâtive, relâchée, zappée, utilitariste, consumériste[11]. Or on ne consomme pas la poésie ; on la déguste, on la savoure. Mais je ne développe pas. Je m'aperçois que l'heure tourne et je suis encore en pyjama, les cheveux en pétard, alors que j'ai rencart en ville tout à l'heure…

Je vais donc devoir vous laisser seul(e) avec ces poèmes et j'en frissonne déjà – un jour une lectrice rencontrée au Livre sur la Place [le salon littéraire de Nancy], c'était une jeune prof de lettres qui m'avait acheté *Le Choix des âmes*, me maila : « J'ai ton roman sur mon canapé. Tremble, Larizza ! »

Au moment donc d'achever cette préface, je ne ferai pas comme la dernière fois ni comme le vénérable Jean d'Ormesson qui déclarait sur les ondes à propos de chacun de ses nouveaux romans : « Promis juré c'est le dernier ! » (Il a dû nous faire le coup cinq ou six fois, et quand un journaliste à la télé lui demanda enfin pourquoi il répétait cela systématiquement, il rétorqua : « Bah !… Tant que ça marche ! »)

Ma poésie ayant repris de plus belle – et même si j'ai d'autres chats & chattes à fouetter – *La Condition solitaire* ne devrait pas en être la dernière fleur. Car sous mes doigts de feuille a déjà bourgeonné un nouveau recueil… *King of the Jazz*!

Love 😊
à Strasbourg, novembre 2022

Notes de la préface

1. Ainsi *Le Monde des Livres, La Croix, Libération, L'Humanité, Télérama, Lire / Le Magazine Littéraire,* France Culture… la valorisent-ils plus ou moins régulièrement et *La Grande Librairie* sur France 5 lui consacre une émission à l'occasion du *Printemps des Poètes*. Certes une hirondelle ne fait toujours pas le printemps…

2. Je pense avant tout à l'écrivain Gérard Glatt à qui je dois une fière chandelle, que je n'ai jamais rencontré et qui m'avait écrit juste avant le premier confinement (mars 2020) qu'il s'impatientait que *La Mutation* paraisse pour compléter une étude du cycle entier (« La vie paradoxale ») qu'il comptait publier dans la prestigieuse revue *Europe*. À la sortie du recueil (fin novembre 2021) il me reconfirma son projet. Ce dernier vient de se matérialiser magnifiquement (*cf. Europe* n°1123-1124, novembre-décembre 2022). Glatt y réitère son propos privé : « J'attendais *La Mutation*, je l'espérais vivement, embarqué comme je l'avais été par cette poésie toute de mouvement, d'exaltation et d'ironie, souvent d'impudeur et de retenue mêlées… »
J'exprime également ma gratitude à Murielle Compère-Demarcy (*La Cause Littéraire*) et Michel Herland (*Mondes Francophones*) pour leur fine attention critique depuis le commencement de mes divagations orphiques ; en découvrant les analyses fouillées de Muriel Compère-Demarcy je me redécouvre en tant que poète. Merci aussi à Françoise Urban (*Exigence Littérature*) et à Laurent Bayart (*Revue Alsacienne de Littérature*), et je m'arrête là avant de passer pour un mégalomaniaque récipiendaire des César…

3. Du Clairefontaine Clairalfa 80 grammes (un papier ultra-blanc) et un roller gel Uni-ball Signo 0.7 (noir généralement et quelquefois bleu ou violet) : j'ai mes vieilles routines d'auteur-célibataire…

4. Les recensions dans la presse ne viendraient que plus tard, à partir du mois de mars 2022, c'est donc sur ce *feedback* personnel que je m'appuyais face à l'impression chevillée au corps que publier un poème c'est comme lancer une bouteille à la mer…

Je citerai par exemple cette réaction de l'écrivain Bernard Pignero (prix Marguerite-Audoux 1998 pour *Les Mêmes Étoiles* chez Gallimard) dans une lettre postée à Airaines le 22 février 2022 : « Merci pour votre autoproclamé dernier (jusqu'à nouvel ordre) recueil de poésie qui, en tout cas, semble devoir clore un cycle commencé avec *L'Exil*. Que vous dirai-je de plus que ce que je vous écrivais dans ma lettre d'avril 2017 sinon qu'il me semble qu'il n'est toujours pas facile d'être Olivier Larizza. Est-ce la malédiction qui s'attache aux jeunes gens trop séduisants ou trop doués. Vous cumuliez ces tares comme l'a peut-être trop écrit Jean-Paul Klée… Mais vos poèmes se lisent toujours avec gourmandise, j'aime votre humour acidulé et vos dérélictions plus pudiques qu'amères. »

Cette poésie capture la vie même et donc ses personnages réels ; comment ceux-ci réagiront-ils si jamais ils se reconnaissent ? Comme je ne préviens jamais personne, c'est aussi une question que je me pose, à laquelle répondit par exemple le SMS de mon amie Marie-Laure du 25 décembre 2021 : « Cher Olivier, un joyeux Noël à toi et à tes proches si tant est que cela signifie encore quelque chose dans cette dimension… Croirais-tu qu'Amazon m'a livré le 24 décembre (initialement prévu le 27 !!!) l'ouvrage non pas métamorphique mais mutationnel d'un auteur cher. Imagine-toi que je commence toujours un livre au hasard de la première page qui s'ouvre à moi. Cette fois c'est le duo 64-65 qui s'impose. Je lis la 64. Je découvre que le 8 août 2013 ce n'est pas une âme mais deux qui ont eu peur des remous qu'une alchimie peut créer quand elle éclipse toute forme de logique, avec un caractère systématique, lorsque je suis dans ce halo. J'aurai sans doute besoin d'explications de texte supplémentaires ou pas… Peut-être vais-je juste apprécier cette page telle que tu l'as créée. Belle journée ! »

Parmi les rares avis littéraires qui comptent pour moi, il y a celui de mon ami Yves Moulin, professeur de gestion à l'Université de Lorraine et fin proustien. Il y avait celui de Laetitia quand elle était dans ma vie… Mais même à elle – ceci étant peut-être un tort – je faisais rarement lire quelque chose avant publication. J'ai le sentiment que cela préserve ma liberté de création de ne pas soumettre un texte en cours à un jugement extérieur, et surtout ce qui n'est pas fini est par définition imparfait. Le seul à qui j'ai montré des poèmes inédits quoique déjà dactylographiés pour l'édition est l'écrivain Jean-Paul Klée (*cf.* dans ce recueil « Pastiche brouillardisé »).

5. Comme m'envisage très justement Gérard Glatt dans son article de la revue *Europe* (et pourtant nous ne nous sommes jamais rencontrés) : « Tout de pensée sauvage, il s'introspecte sans réelle indulgence. » Je dirais même : avec intransigeance. S'agissant de mes livres je n'en vois bien souvent que les défauts, c'est la raison pour laquelle les compliments littéraires me glissent dessus comme la pluie sur une vitre. Je suis bien plus sensible à un compliment sur mon apparence (surtout dites-moi si vous aimez ma coiffure, ma chemise ou ma récente chevalière en or & argent ornée d'une fleur de lys). On me croira superficiel ? *Je suis un être profond mais jamais en surface.*

Oscar Wilde – auquel je n'emprunte absolument pas cet aphorisme qui vient de germer sur mon clavier d'ordinateur et qui *lui* proclamait que seuls les gens superficiels se connaissent vraiment – Wilde donc méprisait en tant qu'écrivain à la fois le blâme et la louange. Mais des deux c'est la louange qu'il dédaignait le plus car (disait-il en substance) les qualités que les gens louent dans une œuvre littéraire sont souvent celles auxquelles son auteur accorde le moins d'importance.

6. Qu'est-ce que la poésie en effet sinon la mise en mystère artistique (ou la mise en art mystérieuse) du matériau brut de la vie avec son

imprévu et son infinie variété ? C'est ainsi du moins que je la conçois. L'ambiguïté et le floutage rhétorique (par les tropes : métaphore & métonymie en particulier) étant évidemment consubstantiels au genre quoique souvent inconscients ou intuitifs – ou parce que souvent inconscients ou intuitifs.

7. Je rappelle que le mot *poésie* vient du grec ancien *poiein* (ποιεῖν) qui signifie justement *faire* ou *fabriquer* ; autrement dit l'étymologie accrédite l'idée que la technique (l'habileté) participe du processus créateur : il y a de l'artisanat dans cet art. L'inspiration et l'émotion sans la maîtrise n'aboutissent généralement à rien de valable. Mais le savoir-faire sans l'inspiration ni l'émotion ne donnera le plus souvent – sinon systématiquement – qu'une chose convenue, maniérée, artificielle.

8. Les poèmes que je présente ici sont issus d'une sélection. Malheureusement j'en ai égaré une douzaine – ou on me les a embarqués à la photocopieuse – ce qui me fend le cœur, comme dirait le Marius de Pagnol (lequel était natif d'Aubagne à côté de Toulon). J'ai considéré que mon recueil était *grosso modo* bouclé au moment où j'ai quitté le Var pour remonter à Strasbourg (le 9 avril 2022) ; les poèmes suivants ne formeraient qu'une queue de comète... L'unité de lieu s'en trouverait par incidence respectée.
Concernant l'unité de temps, elle souffre donc de deux breaks majeurs. Je n'ai effectivement pas écrit une ligne entre le 1er et le 18 mars car trop pris par la fac : je n'avais pas le temps d'aller flâner à droite à gauche et la poésie ne me vient que dans cette configuration-là (pour les mêmes raisons j'ai peu écrit entre le 20 mars et le 9 avril). Voilà ce qui occasionna la première interruption, ou plutôt la seconde chronologiquement parlant. La toute première, ce fut une autre paire de manches...
S'il n'y eut pas une ligne entre le 31 janvier et le 17 février 2022, c'est que j'étais plutôt mal en point. Voici pourquoi. Le soir du 31 janvier, comme tous les lundis depuis la rentrée 2021, je jouais au basket au gymnase de l'université : alors que j'étais lancé à

pleine vitesse avec le ballon, un adversaire me fit un croche-pied et je m'affalai lourdement sur le flanc gauche. Respiration coupée, douleur atroce. Le médecin que je consultai par la suite diagnostiqua au moins une côté cassée ou fêlée : je pouvais à peine bouger, me baisser ou me pencher m'était impossible, la moindre torsion du torse insupportable, si bien que je passais toute la journée assis sur mon canapé droit comme un [i] et dormais toute la nuit en position redressée sur deux oreillers (il me fallait d'ailleurs plusieurs minutes pour me mettre au lit où je me translatais avec d'infinies précautions). Au final les radios et l'échographie ne révéleront aucune fracture ni fêlure ni même déchirure musculaire mais cette névralgie intercostale n'en était pas moins invalidante. Or il se trouve que deux jours après mon « accident » je me sentis fiévreux : un Covid était en train de se greffer dessus. Craignant que je ne tousse, ce qui aurait été l'enfer – la seule respiration déjà me gênait –, le toubib me prescrivit un puissant anti-toussif à la codéine : le sirop Euphon. Or la codéine est un opioïde. Aussi, dès que j'en prenais, *ça planait pour moi*, comme aurait dit Plastic Bertrand. Mais c'est à Baudelaire & ses paradis artificiels que je songeais : j'en aurais fait un sacré *remake* si j'avais pu tenir un stylo… Quelle perte pour la littérature ! 😁

9. Dans un article plutôt condescendant à mon égard, intitulé « Larizza mute » et publié sur un blog (*L'Alamblog*) en mars 2022, un certain Préfet maritime – putain le pseudo !… – a écrit que ce que je fais s'apparente à un « diaire cabbalistique » [*sic*]. C'est toujours surprenant de constater à quel point deux lettrés peuvent avoir de la même œuvre des appréciations diamétralement opposées ; ainsi, alors que le Préfet maritime ironise sur la complexité ou l'opacité de mes poèmes, l'écrivain Bernard Pignero (dans la lettre citée *supra*) en souligne la clarté ou l'accessibilité : « Comme depuis quelques années je collabore à la revue *Diérèse* de Daniel Martinez qui publie quelques petites nouvelles et quelques recensions de livres qu'il me commande, je côtoie souvent des poètes français ou étrangers dont je cherche en vain la clé qui pourrait m'ouvrir le chemin de leur poésie. Rien de cela avec vous mais ce n'est peut-être pas là un

compliment que je vous fais tant l'abscons me paraît être une qualité prisée de nos jours comme elle le fut d'ailleurs à la fin du XIXe siècle chez certains grands poètes qui revendiquaient d'être incompris. La nature humaine et particulièrement le monde littéraire n'ont pas fini de m'étonner. Et puis vous, au moins, vous expliquez savamment et très lucidement (préface et postface lues avec intérêt) les tenants et aboutissants de votre écriture. »

La vérité se situe plutôt entre ces deux positions : si certains de mes poèmes (ou certains passages) sont clairs comme de l'eau de roche, d'autres en revanche se *subtilisent* à leur guise (me dictant leur loi). Dans la postface de *La Mutation* je les comparais à un kaléidoscope. L'image d'un vitrail en miniature conviendrait bien également. Car le vitrail diffracte la lumière en fragments colorés mais sans qu'on puisse voir au travers : ce que l'on y perd en transparence par rapport à une simple vitre, on le gagne en beauté, en mystère, en singularité. Cette mosaïque de verre (vers) enchante l'œil et interroge l'esprit.

10. Sur cette conception de la littérature, il y a l'excellent essai de Michel Picard, *La Lecture comme jeu* (Minuit, 1986). J'ai très envie de vous en faire une synthèse, notamment des trois instances lectorales qu'il distingue (le lu, le liseur, le lectant), mais je viens d'écrire à l'instant que mes notes n'étaient pas académiques… Comme disait Antoine Blondin : « Chassez le naturel, il revient au goulot ! »

11. Certes je n'ignore pas que le déclin de la poésie en France date de bien avant l'avènement de la civilisation numérique. Je n'ignore pas non plus que des autrices, surtout de la nouvelle génération, utilisent les réseaux en ligne pour faire connaître leurs poèmes et elles y réussissent quelquefois de façon extraordinaire en fidélisant des milliers de *followers* : par exemple la toulonnaise Léa Jeunesse (née en 2001) ou, cas exceptionnel, l'indo-canadienne Rupi Kaur (née en 1992) dont les textes sur Instagram sont suivis par des millions de personnes – d'où le terme *Instapoétesse*. J'observe également que les revues électroniques de poésie et les sites web qui s'y dédient sont

primordiaux pour la vitalité de cette fée si fragile. Il n'en demeure pas moins que les écrans accentuent et accélèrent comme jamais la *délittérarisation* de nos sociétés au profit de l'image… Or ce n'est pas un problème décoratif : comme disait Hegel, «c'est dans les mots que nous pensons». Percy Bysshe Shelley – qui était certes un idéaliste – allait encore plus loin en affirmant que la métaphore poétique était vitale pour la langue elle-même, et en créant de nouvelles associations d'idées, de nouvelles manières d'appréhender le réel, s'avérait indispensable à l'inventivité humaine, à la régénération sociale et politique, voire au potentiel révolutionnaire – d'où sa conclusion que «les poètes sont les législateurs officieux du monde».

Note de l'éditeur

Conformément aux codes typographiques actuels, lorsqu'un vers était trop long pour la ligne, l'excédent en a été rejeté à la ligne suivante avec un léger retrait à droite ; les débuts de vers étant tous justifiés à gauche, à l'exception du vers 5 du poème « Timéo », du vers 5 de « En exil » et du vers 25 de « Une semaine à Strasbourg », qui démarrent décalés.

« *Peu me chalait de voir tomber la nuit.* »
Barbey d'Aurevilly, *L'Ensorcelée*

Prélude

Toulon (La Loubière) le 7 ou 8 février 2021

Timéo

à mon neveu et filleul

Tu as neuf ans aujourd'hui et ça n'arrive qu'une fois
Ici-bas tout est joyeux tout brille grâce à toi
Même si la distance nous éloigne un peu trop
Eh bien il faut fêter ce jour comme il se doit
    (rires gâteau surprises & chocolat) et
Orner l'avenir de ton sourire le plus beau.[1]

*Toute page blanche est une illusion
cachant les brouillons d'un amour perdu.*

Toulon (La Loubière) le 27 juin 2021

Amoureux souviens-toi…

De toutes les fois où tu t'es couché sans elle
dans un lit froid
la poitrine te serrait comme un étau
tant tu implorais la douce chaleur de sa peau –

Souviens-toi de toutes les fois où tu rêvais de vacances
ensemble visiter une ville voler un paysage
à deux Le mettre dans un cristal de Bohème
qu'on retourne pour faire de la neige et aussi dire
(maladroitement) *Je t'aime*

Rappelle-toi tous les trains que tu as voulu prendre
et qui ne partirent pas
les galères de valises et les hôtels trop chers
pour la voir juste quelques heures éclair

Tu traversais les orages les continents la Terre
pour réduire en cendres la distance
qui vous sépare

Pense à l'hypermodernité qui artificialise tout
& nous cerne de toutes parts

qui virtualise les voix les visages les
VIES — mais bâtit sa prison à la force du réel —

Repense bien à tout cela maintenant qu'ELLE
est là juste à tes côtés Que tu peux lui prendre la main
sans qu'il y ait entre vous un putain de virus
qui vous l'interdise Maintenant que devant toi
la rivière de ses yeux chatoie
comme mille diamants réunis
et que son rire clair magique telle une fontaine
abolit en cet instant toutes les douleurs et les peines
[même celles de l'enfance qui parfois font bloc]

Fais-la rigoler et ajoute du rouge à ses joues
des guitares dans ses longs cheveux de soie
& des soirées de champagne sur ses lèvres roses

Fais-la tourner comme dans un manège enchanté
une bachata si améliorée qu'elle en perdrait la tête
    d'ivresse
et toi la raison de promesses

Des promesses infinies qui se tiendront dans le temps
comme les murs couverts de lierre des temples d'Ispahan
aux mosaïques d'azur & d'or si sublimes qu'on ne
    croirait pas
que c'est la patte de l'homme et non des djinns qui fit
    cela

les grands génies de Perse – de Hafez à Zoroastre –
et les ouvrières oubliées dans les guitounes du désert…

Eh bien à présent que le songe s'incarne enfin
dans la réalité tangible puisqu'*elle* te prend la main
Ne sois plus jamais le même *l'égoïste romantique*
Plonge donc dans le concret Adopte l'esprit pratique
Et traite chacun de ses désirs (mascaras fonds de teint
parfums & joyeux joyaux de la perfection)
comme une ardente obligation
Exauce chacun de ses caprices
comme s'il était le plus insigne délice

Dis oui ! (Ferme donc ta grande gueule
Spartacus)
car sans elle tu mangerais tous les jours du malheur
tu ne serais plus jamais tranquille
Avec elle non plus : ton cœur
sera toujours sur un fil.[2]

Héros de l'obscur

Toulon (le Mourillon) le 11 décembre 2021

Haut-de-forme

Planté au Mourillon comme seiche échouée j'ai
renoué avec les démons de l'antan Plus petits comme
miniaturisés ils sévissaient dans un recoin de l'âme
tapis dans l'or *l'obscurité des rédemptions passées* La
mer a changé (n'est plus la même) mais la peine
subsista telle une douce torture (ordure) amuïe Sargasse
    qui
engluait tout (le devenir le potentiel l'issue) Dix ans
plus tard – pile une décennie – je courais lapin blanc
derrière Alice & le chapelier fou qui comptait
de travers (le boulier s'est cassé & l'espoir émeraude
a roulé dans la fange du réel) Demain dès l'aube
je partirai nullement – je ne suis pas Hugo
mais Victor chérissant *la sublime illusion*
qui roussissait le pays des merveilles.[3]

Toulon (le Mourillon) le 12 décembre 2021

Loterie du faucon pèlerin

J'ai joué j'ai perdu j'avais dans la main
ticket à plusieurs millions qui du jour au lendemain
me ruina [symboliquement s'entend] J'ai fait les mauvais
CHOIX (la surintelligence n'y servit pas) le feeling
me manqua *& tutti quanti…* À présent j'écris
tel l'usurpateur coincé dans la MÉDICOCRATIE
intranquillisé – Quel dommage aussi (je me dis)
l'humour désertait mes poésies et nulle ne sut
les trésors qui au fond de moi se tramaient J'étais
semblable à ce rapace de pierre statufié sur la
grève s'offrant à lui et qui toute sa vie avait
regardé ailleurs.[4]

Toulon (le Mourillon) le 15 décembre 2021

Crépusculaire déjà ?

Je vivrai désormais dans le souvenir-splendeur
du fabuleux *été* Au zénith j'affolais (phénix)
les compteurs À présent je fraude mon reflet car tout
n'incline-t-il pas déjà vers le déclin Le soleil filou
brunissait mon front comme une vieille
rengaine & les cheveux sont à l'heure
où blanchit la campagne Ma seule vraie compagne
était morte – Shelley Mary – Aujourd'hui
commence on dirait la dernière
partie sous la crissée des mouettes qui
me narguant par pertes & profits se fouettent
de mes esperluettes.[5]

Toulon (le Mourillon) le 16 décembre 2021

En terrasse sans pass

Ici tout est luxe calme & jazz à volonté
j'ai zappé l'aviron pour venir me poser
au Mourillon (*once again*) lâcher un poème
bras d'honneur à la société de coviduité
— Attention : les rimes en [é] sont faiblardes
disait Gainsbourg (j'ouvre une parenthèse-surprise
car un collègue passant me salue [*check* du poing]
c'est Guillaume enseignant d'espagnol à l'IUT
il est toujours bien fringué) *Closing the bracket*
I wonder why I never try to mutter
literary words in the other language I master
Préfèrerais-je la fuite la facilité le basket ?
Oui je me dérobe & file à l'anglaise
devant les flics à vélo qui se pointent soudain
et les rhénanes rouquines qui me plaisent.

Toulon (le Mourillon) le 17 décembre 2021

Mistral perdant

Tous les jours au Mourillon le soleil exultait sur
les verts palmiers le ciel bleu lac lamartinien de la
Méditerranée l'expresso que je consommais
parmi les clients-terrasse vautrés sur leurs délices
voraces limaces engloutissant leurs radis &
paradis qui paraissait si simplet si
simplifié Moi je batifole parmi les
vierges folles & le varech de la déréliction
Je m'abîme en l'éternité sans fond ni fin
et viens singer les QR-codés de l'iode à
l'Anse des Pins.[6]

Toulon (Chalucet) le 18 décembre 2021

Lorelei d'Orient

Changé de crèmerie (le Mourillon envahi
par *les ensoleillés* je maudis cette société du
loisir perpétuel de la pollution la panurgie) J'écris
à l'ombre du cyprès chauve roussi par
l'automne on dirait la géante chevelure
d'une sirène germanik Non la Lorelei n'est pas née sur
le Rhin elle venait de beaucoup plus loin de la Perse
antique elle avait des yeux de miel (l'allèle
du feu) une douceur grenadine une voix qui
ensorcelle & l'on sombrait tel l'Ulysse légendaire
dans ses bras de Circée – Alors l'ondine révélait sa
nature vraie : l'envoûtant visage n'était qu'un *mask*
de fer & le cœur d'or sous ses seins rebondis
purulait – *Oh Lorelei! What kind of fool
was I?* – Mais le romantique aventurier (la
quarantaine bien sonnée) ne s'y perdrait guère
Il avait trop de fois goûté aux oranges amères
& bleues du bigaradier.[7]

Toulon (Chalucet) le 19 décembre 2021

Bovarysme

Il était une fois une femme mariée qui voulait sa
bûche de Noël (c'était une Mauricienne de Mulhouse
sensuelle & peu jalouse) Un jour un étudiant lui montra
sa mauricette sur le campus de l'UHA – certes cela
n'avait rien à voir avec moi même si je compose parfois
autre chose que des élégies (flocons *d'éternellité*
qui s'effaceront aussitôt tombés) Ainsi s'éparpillait ma
vie depuis que l'amour l'a quittée : des coups
de craie sur l'ardoise grisée de l'existence Je gribouille
sous le micocoulier de Provence.[8]

Toulon (Chalucet) le 20 décembre 2021

Le meilleur du monde

Je ne file rendez-vous à personne
sur mon Elops Davidson je préfère
la solitude du polymathe (mes compagnons sont
Shakespeare Einstein Gaudí Léonard de Vinci) J'abhorre
la médiocratie médicale & politique – Orwell
s'en retournerait dans sa tombe Huxley pareil : les
scientif-*hics !* prisonniers du raisonnement analogique
il les mépriserait petits esprits dépourvus de la
fulgurance analytique grâce à laquelle l'obscur
employé des brevets suisses révolutionna la physique
chevauchant le rayon de lumière contre les universels
partisans de l'éther – Or depuis longtemps possédant la
clé de la mystérieuse alchimie (seigneur des anneaux
   magiques
où s'infuse la solution) j'en prodiguais des éclats
quelquefois autour de moi (à ma mère qui ne s'en
étonnait pas) Si Socrate était en guerre
contre les sophistes il disait seulement savoir
qu'il ne savait pas Moi je ne bougeais pas
et rongeais mon frein quoique je ne susse guère
pourquoi je n'ignorais point.[9]

Toulon (La Mitre) le 21 décembre 2021

Fnrs iii

L'Elops supersonique me téléporte à
la Tour Royale (je l'avais dans le viseur
depuis des mois) Cadre parfait sous les pierres
médiévales que berce le clapotis de l'eau
& le fantôme de Barberousse l'âme des ruines (la
carcasse d'une barque en bois dans le minuscule estuaire)
la coque rouillée d'un sous-marin jaune et cramoisi
érigé en belvédère & le monument aux morts de la mer
   d'ici
c'est une mère-Marianne à l'enfant-dauphin d'où
   flottera
l'inévitable drapeau français qui – hélas! – en voit
de toutes les couleurs… À côté les placides pêcheurs
n'ont que faire des cahots de l'histoire (les
fourberies des lobbys) ils ont en ligne de mire
leurs propres fleurs (la gerbe du souvenir
ne les intéresse pas) ils oublient ici l'hystérie sanitaire
et l'alphabet grec qui rend marteau la planète
Saviez-vous que 2021 n'allait pas bien
du tout? Je gratte cela platement
sur un rocher de calcaire : l'écriture à la diable
dans un monde en délire.[10]

Toulon (Chalucet) le 22 décembre 2021

Les fleurs du choix

Sous le micocoulier de Provence & les immeubles art déco
je versifie à Chalucet au chalumeau : *nei-ge*
brûlé ma vie au bûcher des vanités… *Quel chameau !*
scandait ma grand-mère paternelle quand j'étais
minot l'imparable intello qui à l'école larguait
tous les autres chevaux Sans effort j'arrivais premier
et ne me doutais pas que la vie me mettrait
au pas – comme un train sur des rails qu'il n'a guère
choisis j'avançais ignorant l'inexorable rodéo
que le futur me réserverait le drôle de QCM
que nulle analyse ne résoudrait car
le hasard ne se calcule pas ni la
chance qu'on ne contrôle et qu'il faut savoir
saisir au vol à l'instant T l'arbitraire
qui transformera l'hiver en été – Oh cela
m'automnera toujours !…[11]

Toulon (le Mourillon) le 26 décembre 2021

Plage du fort Saint-Louis

Il jouait du piano debout et moi *standing*
j'écrivais sur des tonneaux cela ne voulait
rien dire du tout sinon la vie *out of the blue* :
un enfant & son cerf-volant que le vent contrarie
les adultes rient la fillette appelle au secours sa
maman accourt mais le petit avion canari
dans ses longs rubans rouges s'entortille… Ainsi font
font *font* les marionnettes que tous nous étions
(moi-même j'ai beaucoup fait mon *muppet
show*) À présent que le spectacle patine
je mettais un coup d'épée dans l'eau
et d'une simple phrase assassine
j'exécutais la fée du Lido.[12]

Toulon (Chalucet) le 28 décembre 2021

Mon royaume pour une jument

Adoptant la kératine suis-je encore le *Latin
lover* qui électrisait les foules &
les cœurs ? Que reste-t-il de l'acrobate
qui défiait les pesanteurs (un PDF ?...) Serais-je
toujours l'éternel *teenager* le mercuriel arnacœur ?
Non la liste est trop longue des peines qui
obérèrent le passé – de tous ces minois éclatants
qui dans les limbes se sont momifiés Leur icône
a pâli jusqu'à la transparence – Seul sur mon trône
je demeure monarque d'un État sans sujets ni
protégées Je suis l'éthéré margrave
et ce n'est pas grave.[13]

Toulon (Chalucet) le 29 décembre 2021

King of the blues

*Sometimes I would say to myself I am
the king of the jazz & blues…* Non le
commun des mortels ce n'était pas
moi – comme disait Laetitia : « Tu as tout pour toi
mais tu te débrouilles tellement mal ! » Elle avait
mille fois raison et avec le recul je m'aperçois
personne lui arrivait à la cheville ne connut mon
   tréfonds
comme elle n'accepta ma lumière & mes dons (mon
ombre : ne flamboyais-je d'un soleil cou /
coupé braconnant les panthères girafes les miss
tigris syriennes suisses slaves métisses les
délices tropicalisés jusqu'à la lie la black lilas qui la
détrônerait ?…) Perceval persifleur *c'était tout pour de
faux* (du beurre) je prenais alors la faulx & à
tout-va désertifiais le terrain de chasse le subtil
marquisat qui s'émietterait et là-haut – LÀ-HAUT –
sur l'olympe le nuage tu déplorais (l'œil vitreux) : *C'est si
dommage nous étions des
ROIS*.[14]

Toulon (Chalucet) le 29 décembre 2021

Offense

Non le cyprès de Chalucet n'était pas
chauve sa chevelure en feu de plus en plus
s'empourprait sous l'astre citron qui me
survitaminait Les voyelles ont des couleurs
qu'on ne connaisse pas & juste sous le saule
pleureur je faillis me marier me fiançant à la
drôle de destinée qui me couperait l'herbe sous
le pied – *Of course* je ne lui pardonnerai
jamais car elle savait ce qu'elle faisait.

Toulon (Chalucet) le 30 décembre 2021

Purificateur d'air

Frelon mal ruché je m'incrustais en
catimini dans la colonie des robotisés (les QR-
codés) lobotomisés anesthésiés résignés Jamais
en extérieur ne porterai l'inepte muselière (et Muselier
n'y changerait rien ni le ministère l'Intérieur le maire
les ridicules fonctionnaires le sous-préfet aux champs les
précieuses de Molière & ses toubibs imaginaires) Les
amendes *j'en ai rien à cirer* La société prend si mauvaise
tournure (file un si mauvais coton) qu'elle s'aplatit devant
son microbien demi-dieu Omicron – Ô Macron ! ton
mutant des temps nouveaux nous sortait par les yeux
comme ton sous-fifre Olivier Varan… Varie… Véreux ?
On s'emmêle les pinceaux à force de ne plus voir
en peinture le prévisible absurde scénario Alors
d'un geste sans barrières (de mon petit stylo)
je dessine une fenêtre j'aère le troupeau.[15]

Toulon (le Mourillon) le 31 décembre 2021

Jour sans importance

Suis sorti (j'avais rendez-vous avec un
poème) inscrire l'air du temps et l'année finissan-
te (*annus expectantis*) ce jour sans importance
gâché par les vacances : mais comment font les gens
pour faire des familles en carton des gosses playmobiles
ânonnant des refrains débiles ? des horizons consternés
de retraités radoteurs & autres billevesées ?... Ainsi
s'achevait ce millésime comme vaste parade tombant à
l'eau (séant du désespoir) mais en ce jour qui comptait
si peu je pétais la forme (toujours fringant malgré mes
45 balais) Au fond je n'ai que 25 ans
plus deux décennies d'expérience : oui
*l'âge ne servait qu'à
se sentir moins vieux.*

Toulon (La Loubière) le 1ᵉʳ janvier 2022

Toujours seul

J'ai traversé *l'étrange contrée de l'existence*
comme un loup solitaire Qu'est-ce donc que ce *Péyi*
limité à nos cinq sens & l'imbroglio des relations
humaines Pour les contourner mieux j'enfantais des
poèmes (des vers de terre & de ciel) Tsigane
jazzman quasi épigone de Percy Shelley Byron
qui dans la fleur de l'âge disparurent – Non je n'ai pas
 quitté
le cuirassé que dans l'enfance je me fabriquais le roc
qui m'épaulait dans mes voyages imaginaires (je suis à
bord) capitaine Alastor à l'œil violacé je transperce
 encore
les sylphides les Stressos en nuées & personne savait
– pas un seul pékin – l'oasis qui lagunait en mon
CŒUR Oui je suis ce héros de l'obscur ce météore
que nul n'attraperait jamais et qui du fin fond de la nuit
voudrait enfin rentrer chez lui.[16]

Toulon (Chalucet) le 1ᵉʳ janvier 2022

Pastiche brouillardisé

Rues quasi désertes ils cuvent la saint-sylvestre
(plus deux amères années de pandémie couvre-feux
confinements pas si finement concédés) Météo grise
un goéland varois bien luné mate deux gentilles mémés
qui cassent la croûte sous le micocoulier *Il s'excite*
quand elles lui lancent des bouchées que se disputent
    en majesté
4 ou 5 pigeons bisets – voilà (me dis-je) une scène digne
    de KLÉE
(pas le peintre le poète Jean-Paul qui de son bic inusé
choperait à merveille de ces bestioles le pectoral coloré le
fil sans fin d'une poëzie où l'on *verrerait* dü mordoré dü
jade dü rose & peut-être même un zizi?…) Je ne tente ici
keuh pasticher le vieux grizzli le poète-yéti au feu sacré
dont le phrasé se galvauda dans les bas-fonds d'Alsatica
& Strasbouri (*Argentoratum* comme les Romains di-
zaient) Puissiez-vous donc chers lecteurs aimer la
    nouvelle année qui
sous l'ANÉANTIR s'annonçait (guerre civile écroulement
    klimatik ex-
tinction à venir de l'Humanité) Oui cela serait du Klée
tout craché *Je vous souhaite amour gloire & beauté*.[17]

Toulon (le Mourillon) le 6 janvier 2022

Rien à carrer !

Expresso *express* – furtif – à la dérobée dans ce monde devenu dément vassalisé Je menais ma vie au vol contrebandier de l'ordinaire citoyen démonétisé par Jupiter au firmament des **** Seul le soleil redorait mon petit blason je mimais la normalité qui toujours me fuyait depuis le bateau ivre des (pas si) glauques florides jusqu'aux Caraïbes & la rade de Toulon : Varois d'adoption je me sentais SDF par conviction : *sans destinée fixe.*[18]

Toulon (le Mourillon) le 7 janvier 2022

Elvis presse-les !

Idyllique contrée j'ai traîné mes guêtres
dans les plus belles Amériques *turquoises échappées
qui s'éternisaient* Pris entre deux feux encalminé dans
le grand rébus & toujours des étincelles à
l'affût – *the sparks of life* – Feulement je versi-
fiais sans rien ajouter vraiment boris vi-an
fomentant de l'écume funambule sur son fil
ou à faire du paddling J'effarouchais les vierges qui
de moi rêvaient en secret fantasmant à l'envi
sur la guitare que je grattais.

Toulon (le Mourillon) le 8 janvier 2022

Histoires ordinaires

Assis sur un banc comme celui qui attendait
Godot je guettais la jeune arlésienne… Au détour
d'un rond-point je croiserais l'actrice rousse des nuits
de folie cheveux au vent manteau de laine elle
reviendrait du diable vauvert d'un conte de Grimm où
l'amour affronte sorcières & vautours – ils dévoreraient
le moindre de ses atours ? *Never mind ! – and never more*
croassait le noir corbeau d'Edgar Allan Poe le cauchemar
qui aurait pu m'entraîner tout au fond – plus jamais la
plongée dans les abysses : Je jurai confus mais un peu tard
que l'on ne m'y prendrait plus.

Toulon (Chalucet) le 9 janvier 2022

Private Ejaculation

Y a-t-il un poème ou pas au bout de la
ligne ? Pêcheur du dimanche j'armais ma
gaule qui n'a rien à voir avec la Gaule sauf la
langue qui l'entourloupait le phrasé français si
souvent dévoyé (mes étudiants peinaient à l'écrire
correctement) mais j'avais bel argument ma canne
frétille comme bazouka du Kazakhstan Je suis
le cosaque en noir & blanc.[19]

Toulon (le Mourillon) le 11 janvier 2022

Café en douce

Vie de plaisancier sur le paquebot
de papier – une gonzesse photographie son cleps en
bord de mer (affreux caniche blanc sur l'escalier) des gens
sirotent des verres et moi j'ai zappé le petit noir pour faire
comme J-C Pirotte (n'écrire qu'à l'envers sur l'endroit le
décor?) L'Anse des Pins a rouvert – tout le staff était
contaminé : n'est-ce bien fait pour la gueule de
l'évidence qui crevait les yeux des visionnaires
(pourfendeurs de la bien-pensance brebis galeuses qui
font si rarement jurisprudence…) Au fond peu me
   chalait :
comme l'échevelé Shelley je n'étais que ce phare solitaire
qui surplombait la houle de l'océan.[20]

Toulon (La Mitre) le 12 janvier 2022

Vie de chien ?

Dommage que j'aie envie de pisser : le poème en sera
précipité (je mise trop sur le café le thé noir au
curcuma) Première fois que j'écris cela : l'encre jaillit
comme ça elle se fout de moi gicle à tout-va (j'espère
je pisse pas la copie) C'est sous les auspices de la Tour
   Royale
que *j'écrevisse* & l'œil d'onyx d'un dogue allemand
   KOLOSSAL
s'approche de moi intrigué *tout noir sous son collier rouge*
il renifle l'air de ma poésie puis repart – je ne bouge…
C'est peut-être un émissaire du gouvernement un espion
de l'Élysée qui cache son jeu bâille aux corneilles (il ira
me dénoncer que mes vers valent la corbeille) on viendra
m'écrouer : *Êtes-vous vacciné ?* Je finirai comme Djokovic
j'inventerai un laisser-passer et découvrant la supercherie
(le faux test PCR) on me clouera au pilori : *Vie et mort
d'Ivan Ilitch*.[21]

Toulon (Chalucet) le 13 janvier 2022

Fable climatique

Météo anormale (printemps en hiver) l'humanité va
très mal *mais fait comme si de rien n'était* Cigale
aux élytres inusés elle chantait dansait sur le flanc d'un
volcan la vulve en feu & la valve qui bientôt
pétera ! Tyrannie de la jouissance envahissant aussi
les petites fourmis Le moindre instant se rentabilisait sur
des écrans de verre & de vide SOCIÉTÉ-PLEXIGLAS
qui vénère l'artifice et sacrifie l'essentiel Quoi que tu fasses
nous serons fort dépourvus
quand la banquise aura fondu.[22]

Toulon (Chalucet) le 14 janvier 2022

Le Bluffeur

*It seems I'm always harping on the same string (I
hope not)* Les démons de minuit partis je me dis :
Pas la grinta Qu'a-t-il fait de ces années envolées sinon
briser les sortilèges d'amour qui l'exauçaient courant d'air
& de bleu-roi À présent il macérait souvent dans
les regrets le REMORDS qui mordait bien plus fort qu'un
cétacé (la baleine l'ayant avalé) Jonas réincarné Pinocchio
en spectacle qui la galerie épatait *mais rien ne suivait*
Sa conscience jour après jour s'amenuisait luisant
plus faiblement en pointillés (micas dorés & fabuleux
de la fée aux cheveux bleus) Voici donc le Capricieux
qui sur la scène s'avançait il va brûler les planches
dans son costard si bluffant *Il brille*
Les spectateurs l'applaudissent
Il a un gouffre derrière lui.

Toulon (Chalucet) le 15 janvier 2022

Oliver Scissorhands

Y avait-il anguille sous roche ? L'azur étincelait
Jamais l'on n'aurait cru aux spectres lugubres qui
l'aspiraient dans leurs tourments ayant jeté leur dévolu
sur celui qui ne se dévouait : altruiste en retrait
fabuleur fabuleux *poker player* aux mains d'argent
– son flush royal n'était qu'un leurre – il bluffait
comme un as (Buffalo Bill à ses heures) On dirait
d'un cirque sans idoles un artiste sans
fans ni auréole.

Toulon (Chalucet) le 22 janvier 2022

Foules sentimentales

Manif antipass antivax battant le pavé toulonnais j'ai
de l'affection pour ces irréductibles gaulois J'adoube aussi
les camarades des Antilles – les mecs de Gwada font-ils pas
l'honneur de l'ex-colonie déjouant la propagande
de Paris l'idéologie arrogante qui les *chlordécona* –
faut quand même pas déconner ! Dès qu'on est
un tantinet critique l'on comploterait contre l'élite *[sic]*
politiko-médiatik (clique de rigolos qui nous prend
   pour des
gogos) – Ô Madinina délivre-nous du mâle [blanc]
dont la volonté se faisait depuis le palais de l'Élysée
Je ne suis qu'un gentilhomme bourgeois
sur la promenade des mimosas.[23]

Toulon (Chalucet) le 23 janvier 2022

Faux-semblants

Grugeur professionnel ou passable hâbleur – «*foxy Oliver!*» *says my basketball trainer* – il se fondait dans le réel comme l'azur dans le ciel La normalité épousait le zèbre-homme : comment faisait-il donc pour celer si bien
ses tares son génie sa condition de cyclopéen? Nul n'en percevait *rien* : ni les jeunes filles qui le mataient en douce (ô lèvres glamour seins citrons-de-lune) ni les vieux barbons à genoux devant l'éclair charmeur – ce
   n'étaient
que métaphores & simagrées : *un prestidigitateur dans
   la moire*
un magicien aux tours usés *un illusionniste dans la mouise*
un philosophe sans grimoire.[24]

Toulon (Chalucet) le 25 janvier 2022

Bonheur irréductible

Avant-hier une copine m'a demandé si je n'étais pas un
VAMPIRE : « Tes traits de caractère (calme discret mais
charmeur joueur) et tu n'as pas l'air de
vieillir » [la jolie fleur de 28 ans vient du Sri Lanka]
Serait-ce possible en effet je tienne de Dracula
et ma solitude comme Lestat serait éternelle…
Me suis fondu dans ce monde-ci au prix d'efforts
surnaturels & l'adolescent que je fus se lima les canines –
incisif et incertain je crûs dans le tombeau blanc
où *se dandynaient* les vierges surexcitées
𝔤𝔬𝔱𝔥𝔦𝔨 femelles en proie aux illusions perdues – Balzac
de bazar Melmoth *irréconcilié* docteur Larizza &
mister Oliver je n'étais – *dear Pretty Flower* –
que l'anachorète sur sa péninsule qui cachait sa
PROFONDEUR.[25]

Toulon (Chalucet) le 27 janvier 2022

L'énervement d'Orphée

Le progrès n'est que l'oripeau de la décadence :
La poste se modernise encore! ses machines
ne prenant plus les pièces me désabusèrent
«Les espèces vont disparaître!» justifie la
guichetière à qui je dis *je vais finir par
disparaître aussi* m'enfuir au fin fond de la
Patagonie (comme Florent Pagny) vivre d'air pur
& de rêverie parmi l'andine cordillère grimper sur
le grand condor & n'en plus redescendre que pour
habiter ma langue d'or – seule richesse qui me resterait
où je me blottirais *nidifierais* – Tout poète n'est-il pas
(disait Percy Shelley) un rossignol qui se posant à l'om-
brrre trémolise pour les au-
trrres même si c'est pour de faux et que
personne ne le voit.[26]

Toulon (Chalucet) le 29 janvier 2022

Enigma

It's just another day for you & me
in paradise : nouvelles solaires ray-ban – j'achetais
la classe – j'ai un toit & même si je suis sans toi
je me cajolais à souhait La soierie du silence
me drapait telle une fantasmagorie J'évoluais
dans un théâtre magique où l'avenir me lanternait
Seul comme un astre à mille années-lumière du
désastre je me chromais l'existence à coups de cadeaux en
souffrance Calife d'une autre galaxie assurément
je n'étais pas d'ici Carbonado (noir diamant
fait d'ozone & d'osbornite) Vathek
parmi les chênes de Mirbeck.[27]

Toulon (Chalucet) le 30 janvier 2022

Complexe de supériorité

J'ai – c'est sûr – une mauvaise influence sur
moi-même Je me fréquente trop ces temps-ci
(la faute à ce recueil) me mire trop dans le miroir
du papier : Et si je supprimais ceux de ma maison
je me verrais un peu... moins ? Me téléphonerais pour
prendre des *news* passerais à l'improviste chez moi (j'a-
dorerais me déranger) Me trouverais-je bien coiffé bien
habillé ? [Je porte un pull à col cheminée bleu ciel
une veste grise un jeans foncé des bottines camel]
Et même si je me masturbais trop à mon goût
il paraît que j'étais un super coup !... Mes chevilles
n'enflaient jamais (c'est l'autre qui prenait tout :
pilastre de rosier semant ses blancs pétales...) C'est vrai
parfois ce que j'écrivais n'avait ni queue ni (enfin...)
c'était volontai-*re* : je me mettais au niveau
de mes contemporains.

Toulon (Saint-Jean-du-Var) le 18 février 2022

Ornithologie

J'ai moi-z-aussi longtemps fait la roue
comme le miraculeux paon bleu du Pré Sandin où
son cou lapis-lazuli son plumage émeraude &
topaze faisaient des ravages [les pigeons de basse-cour
lui font la cour s'ébahissent aux ocelles chamarrés de Sa
Majesté] Mais tout à coup roucoule devant moi
– comme j'admire sur mon banc l'extraordinaire volatile –
un étrange spécimen au visage peinturluré : c'est une
retraitée engagée dans la protection des animaux Son babil
phagocyte ma poésie comme les rats qui (soliloque-t-elle)
bouffèrent les trois paonneaux éclos l'année dernière
« Un pur scandale ! » grimacent ses lèvres fuchsia
qui s'agitent sans cesse & s'activent partout
de Marseille à Menton (elle me prêche ça
masque bleu sous le menton) « Vive Brigitte Bardot ! »
qui à Saint-Tropez lui prêta longuement l'oreille [oh !]
« Elle est simple comme vous et moi [hum !] Le malheur
c'est que 30 Millions d'Amis c'est au diable » (à Brignoles)
Elle n'arrête pas je m'abrite derrière mes lunettes pétrole
quand enfin au bout d'un très long feu : « Je vous dérange
monsieur ? » *Pensez-vous madame je suis venu ici pour
contempler la nature et voir des drôles d'oiseaux.*[28]

Toulon (Chalucet) le 20 février 2022

Insoutenable légèreté

*La poésie n'est-elle pas l'espoir & l'edelweiss
des êtres solitaires ?* dédicaçais-je en série *(ich weiss
es nicht)* Si je portais sur mes genoux une ado
rable majorette en joie (cuisses roses
socquettes blanches & baskets de sept lieues)
elle me bécoterait sur les bancs impudiks
et je me rajeunirais en public J'aurais l'avantage
d'être un auteur mineur (un tel écrivain fait
beaucoup moins que son âge : il plaît aux
nymphettes aux lolitas aux mineures) Je garderais
dans mes tiroirs intérieurs la diérèse qui
sidérerait autrui le *magnum opus* [l'œuvre majeure]
que jalouseraient un Salieri et tous les losers
de la médiacratie – Bien sûr j'affabulais : mon
vaste cœur n'était qu'une milanaise plaisanterie.[29]

Toulon (Chalucet) le 22 février 2022

L'humour & l'inconscient

Poète-poète — Camion ! Je sèche devant
ma feuille blanchie par les ans
comme l'os de seiche [Parlez-en
de cette demi-vie passée à la
fantasmer par l'écrit] J'entends
le maelström qui gronde sous mes pieds la fournaise
écarlate & ses majordomes ensoleillés – Ne leur disais
plus *ryen* (syllabais en silence) à l'instar de l'Aryen
vitalisant son espace les steppes des Tartares où
step by step & grandiloquent je me perdrais sans
équivoque n'évoquant plus que le NÉANT…
Or donc je m'amusais encore – *c'était l'éclate*
au gymnasium du Reichstadt ! – surclassant
les perdreaux de l'année qui avec moi jouaient
Car – je ne sais guère pourquoi – je leur mettais la
pile d'Alessandro Volta.

Toulon (Chalucet) le 23 février 2022

En exil

On l'appelait Trinita et moi LA-RI-ZZA Jeff
de Bruges & parfois même Zara – Lavazza ? – fan
de chocolat noir & *fashion aficionado* j'avais le goût
de *l'éclat* mais mesurais mes propos Jamais je ne
           JA-CA-SSAIS
ni ne piaillais comme ces pies qui (vieilles
ou jeunes ados) me cassaient les oreilles
dans les jardins citadins !… *Fortunately*
je n'étais pas d'ici – non :
j'étais un marin d'île
un Indien dans la ville
un séraphin en civil.

La Garde (sur le campus) le 28 février 2022

Furtif

Après-midi douce & sereine pendant que la Russie ratiboise l'Ukraine et Poutine agitait la MENACE nucléaire… Le temps d'ici on dirait se limace jusqu'à l'infini Le mont Coudon s'inscrit dans l'inaltéra-*bleu* – je conjurais l'époque à coups de vœux pieux.[30]

Toulon (Chalucet) le 19 mars 2022

Rue de la Porte-de-France

Retrouvé semblant de vie normale juste avant
les élections – exit le *pass vaccinal* & la sanitaire
constriction – mais le cheval de l'inflation galope : tout
prenait l'air du calme d'avant la tempête Les éclairs
foudroieront-ils la *dolce vita* qu'on se faisait à coups
de cafés renversés ?… Oui nous vivions la tête à l'envers
sur cette planète qui trembla sous les pas des dinosaures
& now du T-Rex de Russie qui piétinait l'Ukraine
la démocratie dont on se rengorge – à perdre haleine
nous moralisions sans savoir où nous allions
décapsulant la canette de Coca & tu la bois
se chauffant au gaz de Sibérie & tu finances
la poutine guérilla – *ça*
gaze ? [31]

Toulon (le Mourillon) le 24 mars 2022

La petite raison dans la prairie

L'humeur acquise change rapidement mais
le petit noir réconforte *(caffé Giovanni Pietrini)*
Me suis posé à l'Oasis *like a way to break free
from the usual daily* Mon profil hiératique se détache
sur l'image d'Épinal : le Var variait rarement il collait à
la carte postale que je tolérais comme nous tolérions la
barbarie La complaisance coûte cher (la bêtise aussi)
    nous mourions
au-dessus de nos moyens au Mourillon… Un jour j'espère
une jeune fille me chantera d'autres lendemains je la
    prendrai
par la main *dans la prairie nous gambaderions* elle
passerait sa menotte sur mon front effaçant mes souvenirs
& tous les gens qui ne servent à rien Elle fermerait
leur gueule aux requins (aux rouquines) rabattrait le caquet
des médiocres [mes congénères] qui comme la queue
    arrachée
aux salamandres se régénèrent – pour quoi faire ? Ô mystère
de ce monde qui s'écroulait sur ses lauriers…
Je visais le septième ciel
les pieds dans la boue la tête dans le fiel ! [32]

Toulon (le Mourillon) le 25 mars 2022

Cycling man

« Vous êtes un rider ! » m'ont lancé hier les étudiants
croisés dans la rue *Yes* je pédale dans la semoule *of my life*
sunglasses & cheveux au vent jeans moulant blouson
   polyester
blanc Je classifie mes journées comme l'entomologue
ses papillons (mes prises colorées s'alignent sous le vitrail-
diamant nommé *l'éphémère* : je vitrifiais l'instant
tanné de n'importe quoi) *My friends* s'en cognaient & moi
lépidoptériste émérite je posais tel Nabuchodonosor
riche de ses jardins suspendus J'étais le roi
de Babylonia (territoire peu connu ma foi) *una*
terra quasi-incognita que je fertilisais à
mes heures… À midi (après les cours) je suis allé au
Buffet où les gens s'empiffraient (osso bucco
sauté de sanglier couscous desserts *tout* à volonté)
   N'est-ce pas
la *volonté* qui justement faisait défaut la sobriété la
RÉ-SI-LIEN-CE… Et si nous résiliions les baux
qui nous condamnent & nous consument
à petit feu ? [33]

La Garde (campus) le 3 juin 2022

Paradoxes & pot-aux-roses

La *dolce vita* c'était pour moi : ne
dévalais-je la pente sur bobsleigh en carton
& arc-en-ciel Slalom sous le soleil – *Salaam
Khoobi ?* – j'esquivais les poteaux qui
n'étaient point mes potes ô mines de sel en
Sibérie corvées de papier rose (*red tape*) J'exécrais
laxisme démagogie poussière sous le
tapis que je balayais de mon gros
poil (voile) dans la main.[34]

Reconquête

Strasbourg (Esplanade) le 17 avril 2022

Une semaine à Strasbourg

Chez Habibi on m'offrait le thé adorables Syriens qui vous dorlotaient J'ai revu aussi Thaddée (mon ami rwandais) & Aristie qui maintenant écrit en grec en plus de l'anglais J'ai déjeuné au Gutenberg *mit* Mathieu Jung *sein Freund* Loïc *und* Jean-Paul Klée Ma traductrice Olga arrive enfin de la bombardée Kharkiv mais Dieu sait où elle logera (pas chez moi ?) À l'ABRAPA j'ai cotoyé des réfugiés géorgiens de Kiev dont la fille sympa [19 ans] nous fit des spécialités de là-bas (pizza & aubergines aux noix) Basketteur de la Bergerie je suis quasi tous les soirs sorti renouant avec *my Strasbourg international friends* & les rencontres cosmopolites (au Berlin l'Oktoberfest l'Académie & le Barco Latino où je reproduisis mon numéro d'autrefois le Blue Moon aussi [l'ex-Rock City] sans oublier l'Artichaut & bientôt le Graffalgar) mais dimanche dernier me rendant aux urnes *pour faire la nique à notre président brise-burnes* j'ai subi un drôle de coup de Trafalgar : moi l'universitaire d'État citoyen exemplaire me voici radié des listes électorales !… Interdit de voter je suis vexé en colère

« La mairie ne vous trouvait plus…
    — Sauf pour la taxe foncière ! »
J'en dors mal la nuit et pour me consoler
Kamel me concoctera une annonce pour les
sites internet que je ne fréquente pas : « PD
comme un phoque & radié des listes électorales je… »
l'ai prise bien profond – en mode *annales*.[35]

Arrivant à Thionville (en TGV) le 15 mai 2022

Forever young

J'avais cru que la musique s'amuïssait mais
c'était comme si je ressuscitais dans l'éclat
de mes jeunes années Adulescent délurant le passé
je virevoltais papillon de nuit dans les bars
CQFD & les sérails de Fès : ne mis-je la main sur
une rose à peine épanouie tressée de Maroc & de
tristesse bleue (des fesses-pommes faites pour ma
pomme) et le profond espoir de l'horizon qui détonne…
Mais sur mon tapis volant Aladin adulé caressant sa
lampe bleue (elle aussi) je ne m'arrêtais point &
fonçais là-bas vers d'autres étoiles-diamants.[36]

Dans le TGV *Thionville – Strasbourg le 19 mai 2022*

Destination ailleurs

Lune d'argent n'avait qu'à bien se
tenir Pourquoi me désolerais-je (l'insolence
pavoisait & les navets me navraient) Revenant
de Lorraine à bloc regonflé comme ballon de
basket j'écourterai mes retours vers le futur
Ne preniez-vous le meilleur vous aussi car la vie
n'attendait plus et la grande nuit qui faisait peur
nous la multicolorerions à l'envi
à n'en plus finir
comme des voleurs…

Notes Bonus

1. Timéo

Acrostiche composé pour l'anniversaire de mon neveu et filleul Timéo Larizza né le 9 février 2012. Rédigé à l'encre violette sur une carte spéciale et expédié avec un petit cadeau…

2. Amoureux souviens-toi…

Poésie conçue en songeant à «ma belle Iranienne» (née à Ispahan en 1992) qui se volatilisa comme de la vapeur de safran… Sans doute son prénom l'y prédestinait-il : *Sayeh* signifie *ombre* en persan. C'est elle qui traduisit *Oscar le renard et l'impala de la savane* dans sa langue maternelle et le fit publier en 2016 à Téhéran d'où le livre rayonna dans tout le pays. C'est d'ailleurs ainsi que notre relation amoureuse débuta… Je ne m'étendrai pas dessus ici, ce n'est pas le lieu. Je possède sur cette période quantité de textes, dont des centaines de pages de journal intime qui paraîtront peut-être un jour…

Il va de soi que cette cessation ou sécession amoureuse influa sur la genèse du présent recueil, ne serait-ce que parce qu'elle s'ensuivit de plusieurs mois de neutralité sentimentale, d'auto-mise au frigo, de ce repli que j'évoquais en préface et qui crée un contexte favorable à l'apparition de la fée *Poesy*.

En écrivant «Amoureux souviens-toi…» j'eus une pensée pour la mère de Sayeh, qui se prénomme Guiti (*univers* en persan), et désirant en quelque sorte lui rendre hommage au fil de la plume, je sortis ce vers qui me surprit moi-même (fin de la neuvième strophe) : «et les ouvrières oubliées dans les guitounes du désert». *Guiti / Guitounes* : voilà un exemple où un jeu paronomastique et un transfert métonymique peuvent subrepticement s'opérer dans la tête d'un poète qui écrit avec le cœur & dans le souvenir d'une femme-courage qui s'évertuait à la tâche [« ouvrière oubliée »] en France, à Lyon, où elle trouva l'asile politique après avoir assisté et échappé aux pires horreurs dans son pays natal (son propre frère défenestré devant ses yeux par les sbires du régime). Mais je ne veux pas être indiscret en révélant ce qui peut-être ne devrait pas l'être… Je voulais juste dire que j'aimais bien cette famille : j'adorais m'y sentir comme un étranger accueilli comme un roi, et cela en France ! Cela me dépaysait, moi que l'altérité attire. Aussi tout ce gâchis me désola-t-il profondément. Je le surmontai en pensant à Nietzsche : « Tout ce qui ne tue pas rend plus fort. »

3. Haut-de-forme

Au-delà du trait d'humeur hugolien (« Demain dès l'aube… ») *Victor* est mon deuxième prénom ; c'est le prénom francisé de mon grand-père paternel qui était italien (né à Bari) et dont le fils – mon père – me baptisa facétieusement de façon à ce que mes initiales fassent LOVE : Larizza Olivier Victor Edmond (Edmond étant le prénom de mon grand-père maternel qui naquit lui à Nagymányok en Hongrie).

Mais pourquoi la seconde moitié de ce poème inaugural de la série baigne-t-il dans l'univers fantasmagorique de Lewis Carrol ? Comme souvent avec la poésie, c'est beaucoup plus terre-à-terre qu'il n'y paraît et cela part d'une histoire de cœur. J'y faisais allusion en préface, en voici davantage (une fois n'est pas coutume) :

En octobre-novembre 2021 je m'initiais à l'aviron au club de Toulon le jeudi après-midi (créneau réservé à l'université). Là je fis la rencontre d'une jeune Allemande, superbe rousse de 22 ans, étudiante Erasmus en éco-gestion, qui maniait le français et parlait fort bien l'anglais (ayant été fille au pair dans le Kent). On se recroisa un lundi à la Bibliothèque universitaire de La Garde (échange de numéros). Le 6 décembre elle me textota : « Salut Olivier ! Comment vas-tu ? J'ai un contrôle terminal demain matin, après j'ai de nouveau du temps de libre. J'aimerais bien me retrouver avec toi, par exemple prendre un café ensemble, à une date qui te convient. Passe une belle journée ! Alice. » La suite n'est que littérature…

4. Loterie du faucon pèlerin

Quittons un peu la mélancolie lyrique pour faire un point sur la situation exceptionnelle qui nous cernait tous à cette époque. Au vers 6 j'ai hésité entre *médicocratie* (premier jet) et *merdicocratie* (relecture) : j'ai préféré rester poli, mais ces termes trahissent bien ma position du moment. Certes, je n'ai jamais considéré que nous étions en dictature sanitaire. Simplement j'ai d'emblée présumé (dès janvier 2021) que la vaccination universelle, avec ce type de vaccin face à ce type de virus, était une hérésie à la fois épidémiologique et médicale.

Bénéficiant de la mémoire immunitaire croisée, c'est-à-dire d'une forme de protection naturelle relativement répandue dans la population mondiale – d'où une kyrielle de cas asymptomatiques ayant rendu difficile le traçage de l'épidémie dès sa survenue –, j'ai écarté toute idée d'injection me concernant. J'ai simplement pris soin d'optimiser ma sérologie en vitamine D préventivement à l'infection, ce qui constituait – et constitue toujours – une mesure prophylactique puissante pourtant délaissée par les pouvoirs publics. Ma lecture régulière des rapports de pharmacovigilance, actualisés hebdomadairement, me confortait dans ma décision : la balance bénéfices / risques du vaccin m'était largement défavorable (comme manifestement pour le fils de mon ami Reha, un grand gaillard de vingt ans en pleine santé, qui se retrouva hospitalisé après sa troisième dose de Pfizer et en réchappa de justesse…) Bref ! Lorsque je contractai le Covid pour la première fois, contaminé par une souche agressive (le Delta), mes symptômes furent légers et ne durèrent que deux-trois jours.

Dans cette affaire, il y aurait à rectifier énormément d'approximations et de simplifications proférées par les médecins télévisuels et la parole officielle… Mais il y a une chose qu'il me faut absolument dire (en lien avec mes poèmes) : Lorsque le 12 juillet 2021 le président Macron imposa comme une chape de plomb, avec un autoritarisme extrême, le *pass sanitaire* (qui deviendrait *vaccinal* en janvier 22), les chiffres qu'il avança dans son allocution pour justifier la mise en place d'une mesure aussi privative de libertés, étaient déjà obsolètes : depuis la fin avril 21 il était démontré – je l'avais présupposé dès le départ car une injection en intramusculaire ne stérilise pas la sphère ORL – que l'impact du vaccin sur la transmission du SARS-COV-2 s'effondrait en quelques semaines à peine. Macron le savait-il, auquel cas sa rhétorique s'assimilait à un mensonge d'État ? Ou les médicocrates qui l'entouraient et le conseillaient lui bourrèrent-ils le mou ? Il est hallucinant que nos *mass médias*, au sein d'une société qui se prétend démocratique, aient à ce point relayé, démultiplié, matraqué la doctrine gouvernementale sans aucune nuance ni aucun recul critique et à l'exclusion de toutes les autres positions scientifiques, en l'occurrence celles – alors minoritaires et passées sous silence – qui plaidaient dès 2021 pour une vaccination ciblée sur les personnes vulnérables. Ce à quoi nous avons finalement abouti aujourd'hui puisque c'est la raison qui le commandait.

5. CRÉPUSCULAIRE DÉJÀ ?

J'ai tellement travaillé sur Mary Shelley (vers 7-8) – je lui consacre six essais, des ouvrages encore inédits par ma faute, les peaufinant à n'en plus finir –, je connais donc si intimement la créatrice de *Frankenstein*, que j'ai l'impression d'avoir vécu avec elle. Et pourtant, les mères de famille, ce n'est pas vraiment ma tasse de thé. Je ne me vois pas du tout sortir, et encore moins me mettre en couple, avec une *mother* si géniale soit-elle...

Trêve d'humour, car ce poème confine au désarroi. Avec le recul de la dactylographie, je m'aperçois encore une fois à quel point le zoom sur soi (l'introspection poétique) exagère le ressenti et amplifie ici le « spleen ». Comme si coucher sur le papier la morosité du moment l'avait redoublée tout en la soulageant ; neuf mois après avoir écrit ce poème je me sens et me vois en effet beaucoup plus jeune qu'à cet instant-là... Certes, ma vie actuelle n'est pas la même. Mais je crois que pour « traduire » en vers le sentiment fugace qui vous traverse et qui génère la pulsion créatrice (on sent soudain qu'un texte est là ou qu'il arrive), il faut pouvoir tenir la note de cette impression fugitive, et pour ce faire on frise une posture qui en prolonge et en aiguise le climat. Au fond le poète joue un peu de son humeur… Il n'empêche : je me demande si ce néo-lyrisme qui tourne sur lui-même comme une toupie est tout à fait sain pour celui ou celle qui le produit ; on est déjà dans la solitude, et en écrivant, certes on la sublime, mais on l'aggrave aussi, on s'y complaît, s'y enfonce ou s'y enferre davantage… C'est le serpent qui se mord la queue.

6. Mistral perdant

Dans quelques années on aura peut-être oublié qu'il fallait présenter un QR-code attestant de son statut vaccinal au Covid simplement pour aller boire un café en terrasse ! Non mais je rêve !…

Je voudrais surtout glisser quelques mots sur le casse-tête des variantes plutôt que des variants. Aux vers 8-9 j'avais initialement écrit *le varech de la vacuité*, ce qui me sembla après coup trop voyant ou trop facile. Je corrigeai également *Je m'abîme en l'éternité sans fond ni fin* en *m'abîmant en l'éternité sans raison ni frein* (ce qui était peut-être plus subtil et entraînait d'autres changements syntaxiques plus loin). Je remodifiai ensuite plusieurs fois. Panachai *sans fond* avec *ni frein* (*sans raison* avec *ni fin*). Essayai d'autres combinaisons qui suscitèrent de nouvelles intuitions (*ni faim ?*). L'euphonie me chiffonnait (*ouaf ! ouaf !*). Comme je ne parvenais pas à trancher, je piquai un sprint dehors pour clarifier mes idées. Plusieurs matchs de basket ne démêlèrent pas non plus l'écheveau. Au cinquante-septième repentir (ce qui est chez moi un chiffre moyen) je finis par me dire (je suis quand même quelqu'un de raisonnable après tout) : « Stop, Larizza ! Ça suffit maintenant ! Rappelle-toi – enfonce-toi bien dans le crâne ! – que l'imperfection est la condition nécessaire de nos existences ici-bas. » *Damn it !*

7. Lorelei d'Orient

Le cyprès chauve du parc Chalucet (vers 4) a été planté en 1797 par le botaniste Nicolas Robert. « Il est ici le trésor remarquable de l'ancien Jardin botanique » dit l'écriteau. Voilà une information capitale... Sans doute l'indiqué-je pour ne pas aller au fond des choses. En effet – comme pour «Offense» plus loin – je n'ai pas envie de dévoiler au grand jour le fond de ce poème... Devinez!

Je puis par contre volontiers dire un mot sur sa forme, en l'occurrence sur le découpage, qui me pose ponctuellement mais régulièrement question (pas dans le feu de l'action scripturale mais lors de la relecture à froid). Ici le poème se disposa de lui-même jusqu'aux deux derniers vers où j'hésite toujours avec : «Il avait trop de fois goûté / aux oranges amères & bleues / du bigaradier.» Cette version ne me paraît pas meilleure que l'autre, simplement elle produit des effets différents en termes de rythme et de sonorité. Je ne parviens pas à les hiérarchiser : chacune possède ses forces et ses faiblesses, tandis qu'une hypothétique formule optimale m'échappe toujours... La subjectivité du poète exigeant se heurte en permanence à un désir d'objectivité (ou d'objectivation).

8. BOVARYSME

L'UHA (vers 4) est l'acronyme officiel de l'Université de Haute-Alsace. Mais, on l'aura compris depuis longtemps, je ne suis pas un universitaire orthodoxe...

Ce poème est parti des SMS échangés la veille au soir avec une amie (Emma) qui me textota à brûle-pourpoint :

— Noël bientôt... Tu veux toujours montrer les boules à ta cops 😊 ?

— Yes of course ☺ La neige en sus...

— Ah quel poète !...

Des messages dans ce registre, je pourrais en faire tout un chapelet (pas très catholique). Ainsi cet autre *chat* initié par elle le 8 mars 2022 vers 20 h :

— L'ami des insulaires va bien ?

— Yes! Comme après une longue journée de cours... Je rentre à Stras le 9 avril. Aurais-je droit à un délice des îles ?

— Quel poète ce Larizza! J'en rougis. Je te voyais plus en gros rustre... le chasseur astiquant son fusil en attendant de me remettre une cartouche... Comme je te connais mâle 😊

Je tolère les *chats* quand ils sont brefs : trois-quatre échanges de ping-pong digital ça va, davantage ça me saoule rapidement (j'ai autre chose à faire que de pianoter sur mon smartphone et en plus les écrans me font mal aux yeux) et il arrive donc assez souvent que je ne réponde pas. Par exemple à ce texto (toujours aussi subtil) du 24 mai 2022 : « Alors… bien son petit séjour en Alsace ? Ne ferait-il pas le paon en ces temps chauds ? Montrant sa queue pour séduire 😉 ? »

Je sais bien que ce matériau brut de décoffrage, disons même *mal dégrossi*, n'est pas forcément flatteur pour moi, mais enfin c'est le jeu de la confidence. Et puis je n'ai pas peur de nuire à ma réputation puisque, comme le dit Alex, je n'en ai pas.

9. Le meilleur du monde

Elops (vers 2) est la marque de mon vélo urbain acheté chez Decathlon en mars 2021 (décidément vous saurez tout…). « L'obscur employé des brevets suisses qui révolutionna la physique… » (vers 9-12) c'est évidemment Albert Einstein, que je cite en contre-exemple du *mainstream* scientifique (et politique) actuel. Car face à un phénomène nouveau et complexe, le raisonnement analogique est le plus sûr chemin pour faire fausse route ; c'est pourquoi je le combats et le méprise. Einstein disait à juste raison : « Le mental intuitif est un don sacré et le mental rationnel un serviteur fidèle. Nous avons créé une société qui honore le serviteur et qui a oublié le don. »

10. FNRS III

Pour ce titre – je trouve toujours l'intitulé d'un poème en dernier – j'ai hésité avec *Yellow Submarine* mais la référence aux Beatles me paraissait trop lointaine thématiquement et en plus j'adore l'aspect énigmatique de FNRS III : l'inscription que portait – et porte toujours – la coque muséifiée du sous-marin jaune et rouge que j'évoque aux vers 7-8. Sur le moment ce sigle m'intrigua beaucoup. Il signifie Fonds National de la Recherche Scientifique belge. Une convention signée en 1950 entre le FNRS et la Marine française devait en effet déboucher sur la fabrication, à l'arsenal de Toulon, d'un bathyscaphe de troisième génération qui, après trois plongées profondes, appartiendrait totalement à la France. Le bathyscaphe (du grec *bathus* : profond et *skaphos* : barque) est un engin sous-marin d'exploration abyssale. Il utilise comme principes la poussée d'Archimède et la cabine pressurisée (conçue pour deux ou trois passagers maximum) c'est-à-dire que l'appareil descend par gravité et remonte en lâchant du lest.

Le FNRS III sera en service de 1953 à 1960. Le 15 février 1954, au large de Dakar, il établira (avec deux Français à son bord) un record mondial d'immersion à 4050 mètres. Ce record tiendra six ans et incitera l'US Navy à se lancer à son tour dans la course aux profondeurs... Qui a dit que les Amerloques étaient superficiels ?

11. Les fleurs du choix

J'adorais l'école et j'y performais dans toutes les matières les doigts dans le nez (sauf que j'évitais de les y mettre par correction...). En sixième on me surnommait « le dictionnaire » ; il faut dire qu'avec mes grosses lunettes et ma science infuse, je rivalisais avec maître Capello des *Jeux de 20 heures* (sur FR3).

Ce que j'appréciais notamment dans le système scolaire, c'est qu'on vous servait votre emploi du temps sur un plateau : en vérité on vous l'impose, mais cela ne m'a jamais gêné, bien au contraire, car cela me délestait de toute responsabilité de *choisir*. Depuis que je suis adulte (si je le suis vraiment devenu...) j'ai toujours trouvé que ce qu'il y avait de plus difficile dans la vie, c'est *choisir*. Car choisir c'est renoncer à toutes les autres options qui s'offrent à vous et risquer de se sentir subséquemment prisonnier d'une voie à sens unique. C'est aussi exercer sa liberté mais une liberté (comme toute liberté) nécessairement teintée d'angoisse, en tout cas quand il s'agit de décisions importantes. Ce que j'appelle le paradoxe de Kundera (*cf.* le début de *L'Insoutenable Légèreté de l'être*) est impitoyable : comme on ne vit qu'une fois et une fois pour toutes, la faculté jouissive de le faire s'accompagne d'un terrible angle mort, puisque l'on ne peut pas savoir ce qu'aurait donné le chemin que l'on n'a pas choisi d'emprunter. On ne peut pas faire un essai, vivre pour du beurre ou pour de faux, juste pour voir : tout ce qui est vécu l'est définitivement et irréversiblement. Ainsi, au lieu de laisser libre cours à l'intuition ou au feeling, j'ai passé dans mon existence un temps considérable à paramétrer la décision optimale, avec des résultats mitigés (quand je ne me suis pas carrément planté : c'est ce que déplore aussi le poème « Loterie du faucon pèlerin ».) Ma première pulsion aurait-elle été meilleure à suivre que la longue réflexion à tête reposée ? Je dois bien admettre qu'en contrepoint de celle-ci il m'est également arrivé d'avoir de véritables coups de folie ! Paradoxe quand tu nous tiens…

Heureusement la maturité sert à relativiser tout cela et à déceler *le brin de paille qui luit dans l'étable…* (Je ne parle ici que de moi et en aucun cas ne généralise.) Ma philosophie actuelle, celle qui prime sur un plan pragmatique et non dans ma caboche de poète, serait en fait la suivante : À l'âge [le mien] où l'on peut vraiment avoir de quoi nourrir des regrets et des remords, on n'a plus de temps à perdre à le faire, au risque d'ailleurs d'en générer de nouveaux plus tard. De surcroît rien ne dit que si l'on avait opté pour une autre direction à telle époque de sa vie, la situation ne serait pas pire que celle dans laquelle on se trouve aujourd'hui. Donc tout est pour le mieux dans la meilleure des situations possibles. Ce qui sonne très leibnizien…

12. Plage du fort Saint-Louis
La référence implicite à la chanson de Michel Berger n'est pas fortuite : j'ai effectivement écrit ce poème debout, ma feuille posée sur un grand tonneau en bois. À part ça je vais très bien…

13. Mon royaume pour une jument
Après un titre shakespearien (« *My kingdom for a horse !* » s'exclame, à la fin de la pièce éponyme, un Richard III pathétique en débâcle sur le champ de bataille) j'ai un incipit assurément abstrus (« Adoptant la kératine… ») mais qui s'inspire simplement du fait – ô subtil glissement synecdochique – que j'ai commencé à prendre des compléments alimentaires pour les cheveux à base de kératine hydrolysée extraite de laine de mouton noir. Nous voilà bien avancés…

Je ne fais d'ailleurs pas que les nourrir, mes cheveux : je les coupe en quatre! Mais cette fois-ci je vous ferai grâce des variantes qui m'ont harcelé lors des relectures et occasionné des dilemmes flaubertiens – il paraît que Gustave passait trente heures sur une page…

14. KING OF THE BLUES
La valse des pronoms dans mes poèmes brouille quelquefois les cartes, mais je ne fais pas exprès de la danser (elle s'impose à l'écriture). Il n'y a pas de règle générale s'agissant des référents : *il* peut tout aussi bien me désigner que désigner quelqu'un d'autre. *Tu* aussi, et c'est au lecteur d'essayer de désambiguïser au cas par cas. Pour une fois je vous donne un tuyau : dans l'antépénultième vers, *tu* ce n'est pas *moi* – et toi t'es toi? Tais-toi! Je vous demande de vous taire! Je vous demande de vous arrêter! Bon… Je conçois à quel point cette instabilité pronominale peut désorienter la lecture et donc la compréhension. Croyez-bien que je compatis. Même un œil aussi expert que celui de Gérard Glatt peut se tromper (revue *Europe* déjà citée) puisqu'il semble m'attribuer un trou de mémoire évoqué dans un poème de *L'Exil* (à propos des couleurs des voyelles de Rimbaud) alors que j'y parle de mon ami Christophe Fuger quand il était candidat au bac de français; ce poème (« Duc de Carignan ») lui est d'ailleurs dédié. Je l'écrivis en 2008 après avoir rendu visite à Christophe du côté de Charleville-Mézières (Ardennes) où il vivait avec sa famille, et j'en avais profité pour découvrir le musée Rimbaud ainsi que l'ancienne maison d'Arthur. (Arthur, le boulanger du coin, bien sûr…)

15. PURIFICATEUR D'AIR
Renaud Muselier (vers 4) est le président du Conseil régional de PACA (il est médecin de son état). Je faisais ici allusion au rétablissement de l'obligation du port du masque en extérieur, décrétée sans doute dans l'objectif de réduire la contamination au Covid des hannetons, oiseaux et autres chauve-souris – sans oublier nos amis les chacals dorés qui sont très sensibles du museau.
Évidemment (vers 10-11) je ne mets pas le variant Omicron sur

le dos de notre bon camembert Président, mais c'est son traitement sociétal que je lui reproche, surtout face à une mutation qui rendait le SARS-COV-2 beaucoup plus inoffensif (ayant atteint une limite biologique dans son potentiel mutationnel, le coronavirus ne pouvait d'ailleurs logiquement accroître sa contagiosité qu'au détriment de sa virulence, sauf à se combiner avec un autre virus, ce qui est hautement improbable à l'échelle de quelques mois).

Quant au nom du ministre de Macron que j'écorche au vers 12, je m'en excuse : la faute à un petit trou de mémoire, ce qui d'ordinaire ne m'arrive jamais (ce devait être l'émotion). Il s'agit bien sûr d'Olivier Véran, à l'époque ministre de la (mauvaise) Santé, du Lobby vaccinal et des Hôpitaux fermés. Il semble être depuis monté en grade puisqu'il assure, à l'heure où j'écris ces lignes, le porte-parolat du gouvernement d'Emmanuel II.

16. TOUJOURS SEUL

À la fin du deuxième vers j'aurais pu écrire *pays* mais je l'ai spontanément orthographié à la créole en souvenir de ma chère Martinique et pour l'effet d'étrangeté que cette graphie ne manquerait pas de susciter chez le métropolitain.

Au vers 11 j'ai mis *sylphides* au lieu de *sylvidres*, à quoi je songeais en écrivant et qui désigne ces créatures féminines végétales et maléfiques dans *Albator* ; j'ai maintenu le paronyme « fautif » car il est moins opaque (moins « cabalistique » comme dirait le Préfet maritime) et par surcroît mon texte amalgame de toute façon les univers, mêlant références à des séries et mangas animés des années 1970-80 autant qu'au grand poème de Percy Shelley, *Alastor or the Spirit of Solitude* (1816).

Je voulais surtout dire ici deux mots du *cuirassé* (vers 8) : c'était un vaisseau spatial que je projetais de construire avec mon copain Patrick Rock rencontré à l'âge de trois ans dans le bac à sable du parc Windsor de Thionville. Avec Patrick nous fîmes toute notre maternelle ensemble. En CP il déménagea dans une ville voisine mais nous maintînmes le lien quelques années : nous allions parfois passer un mercredi chez l'autre (nos mamans respectives nous déposaient et nous faisaient des frites à déjeuner). À l'âge de sept ans je travaillais encore (secrètement) sur le cuirassé : j'en dessinais les plans, les armes, le blindage… jusqu'à ce que le rêve supplante entièrement la conviction. C'était il y a presque quarante ans. Quant à Patrick, qu'est-il devenu ?

17. PASTICHE BROUILLARDISÉ

Jean-Paul Klée dit JPK, né en 1943 à Strasbourg, où il vit toujours, a publié une vingtaine de livres en prose et poésie dont *L'Été l'éternité* (Chambelland, 1970), *Journal du fiancé* (sous le pseudonyme «Dansons Dieu», Le Cherche Midi, 1985), *Rêveries d'un promeneur strasbourgeois* (La Nuée Bleue, 2001), *Bonheurs d'Olivier Larizza* (Les Vanneaux, 2011), *Décorateurs de l'agonie* (BF, 2013) ou encore *Kathédrali* (Andersen, 2018). Les années passant Jean-Paul a de plus en plus torsadé sa graphie & sa syntaxe. Il écrit comme il respire et ses inédits débordent de son trois-pièces…

18. RIEN À CARRER !

Les quatre astérisques du vers 4 n'illustrent pas seulement le firmament : ils remplacent le mot *cons* de mon manuscrit. J'ai jugé rétrospectivement que le juron ne serait pas très heureux. Je préfère laisser la responsabilité d'en proférer un à notre jupitérien président de la République, qui déclara deux jours plus tôt (le 4 janvier 2022) qu'il avait «très envie d'emmerder les non-vaccinés et de le faire jusqu'au bout». Voilà au moins quelqu'un qui a le courage de ses convictions ! Pendant la campagne électorale d'avril, Emmanuel Macron certifiera avoir dit cela «de manière affectueuse»…

19. *PRIVATE EJACULATION*

J'indique, pour couper court à toute interprétation psychanalico-onaniste, que ce titre m'est venu par réminiscence et en hommage au magistral (et unique) recueil poétique du pasteur anglais George Herbert : *The Temple. Sacred Poems and Private Ejaculations* (1633). *Ejaculation* au sens d'oraison *jaculatoire* : une prière courte et fervente, un cri du cœur vers Dieu (le latin *jaculum* signifie *flèche* ou *javelot*). Bien sûr, même chez Herbert, le double sens – et les idées mal placées – existent…

20. Café en douce

Les adeptes de poésie francophone auront identifié (au vers 5) le poète belge Jean-Claude Pirotte (1939-2014) mais la comparaison finale avec Percy Shelley les aura peut-être laissés plus perplexes… J'explicite donc. Le 20 décembre 1810, à dix-huit ans et demi, Shelley se plaint dans une lettre à son meilleur ami (Thomas Jefferson Hogg) que son père envisage de le retirer de l'Université d'Oxford à cause de ses prises de position radicales et anticléricales. Il écrit alors : « *There lowers a terrific tempest, but I stand as it were on a Pharos, & smile exultingly at the vain beating of the billows below –* » [Ma traduction : « C'est là une terrible tempête qui s'abat, mais c'est comme si je me tenais sur un phare, et souriais en exultant aux flots qui en vain se déchaînent au-dessous. »] (*cf. The Letters of Percy Bysshe Shelley*, vol. I, Frederik L. Jones ed., Oxford, The Clarendon Press, 1964, p. 28).

21. Vie de chien ?

Pour les amateurs, le thé mentionné aux vers 2-3 est un thé bio en vrac dénommé Indian Detox et vendu au Palais des Thés. J'en consommais quotidiennement. Il se compose exactement de thé noir indien (72 %), gingembre, herbe de tulsi (5 %), écorces de citron (5 %), écorces d'orange, cardamome et curcuma (3 %).

La chute du poème, à la consonance tolstoïenne, fait allusion à l'affaire qui défrayait la chronique en ce début d'année 2022. Le 5 janvier, le numéro un mondial Novak Djokovic atterrissait à Melbourne afin d'y disputer le premier Grand Chelem de la saison tennistique. Mais non-vacciné au Covid-19 par choix personnel, il se voit refuser l'entrée sur le territoire australien et placer en détention provisoire dans un hôtel servant de centre de rétention pour migrants ; les justificatifs qu'il a produits à l'aéroport (une douteuse exemption médicale sortie du chapeau *in extremis*) n'ont pas convaincu les autorités locales. L'affaire prend alors une résonance planétaire et une dimension éminemment symbolique. On surnomme le champion serbe Novax DjoCovid. Il devient – un peu malgré lui – la figure de proue des antivax du monde entier. La politique s'en mêle quand le président de Serbie en personne monte au créneau pour le défendre. Mais rien n'y fait. Après plusieurs rebondissements et une procédure judiciaire en référé, Djoko est finalement expulsé d'Australie sous les caméras le 16 janvier 2022.

22. Fable climatique

Je dois bien avouer que la morne masse me consterne… Il me semble que, si l'on peut s'améliorer à l'échelle individuelle, il n'y a pas – ou très peu – de progrès collectif. La nature humaine ne se bonifie pas. C'est pourquoi nous fonçons droit dans le mur…

Je passe du coq à l'âne. Sur mon manuscrit j'ai noté en *post-sriptum* : « Ces poèmes me viennent comme une queue de comète. Impression que l'ampleur poétique s'est perdue (réduction du format) et l'inspiration aussi. » Est-ce à cause du fait que des hypotextes (ici La Fontaine) les sous-tendent ? Je n'ai pas forcément le même sentiment en les dactylographiant aujourd'hui (neuf ou dix mois plus tard) mais c'est une constante que j'observe chez moi : mon propre jugement sur ma poésie fluctue énormément, plus qu'avec n'importe quelle autre forme d'écriture… Ça se soigne ?

23. Foules sentimentales

Hommage bien sûr au marronnage antillais : cet esprit de contestation voire de rébellion hérité de la société des plantations. (Pub : je signale à ce propos la nouvelle édition, en février 2022, de mes *24 contes des Antilles* chez Flammarion jeunesse ; c'est mon best-seller toutes catégories : plus de 50 000 exemplaires vendus depuis la première parution en 2004.)

Mais le scandale du chlordécone (vers 6) assombrit toujours l'horizon de nos îles… Et si l'Histoire se répétait, comme le pensait Hegel ? Marx opinait du chef en ajoutant : la première fois elle survient comme une tragédie, la seconde fois comme une farce. (C'est exactement à quoi me fit songer le deuxième confinement de notre beau pays…) Il faudrait en tout cas mettre de sacrés guillemets à notre élite qui se délite et accompagne l'effondrement du niveau général…

Quant à *complotiste* (vers 7) c'est la nouvelle insulte à la mode et elle est imparable, même quand elle ne se justifie pas (elle n'a d'ailleurs jamais besoin de se justifier).

24. Faux-semblants

Je ne me vois pas décoder cette entrée très personnelle de mon *diaire cabalistique* où apparaissent en filigrane et mon talon d'Achille et mon maudit don du ciel (« *my blessing and my curse* » dirait un Anglo-saxon). Je préférerais vous parler du fait que j'ai repris le basket en 2021 (*cf.* vers 1-2) après une coupure de deux décennies… Comment ai-je pu me tenir si longtemps éloigné d'un sport où je m'amuse autant et auquel j'étais addict à 17-18 ans ? L'entraîneur de l'Université de Toulon auquel je fais référence s'appelle David Chambon, un type extra, arbitre national et international de surcroît.

La page manuscrite de ce poème enregistre mes impressions brutes post-écriture : « Il y a de la facilité, du systématisme, du métier aussi. » J'espère pas trop néanmoins et n'ai d'ailleurs pas le même jugement *a posteriori*. Je m'aperçois simplement que deux veines se dessinent dans ce recueil *La Condition solitaire* (et ces deux veines se mélangent parfois) : l'une prosaïco-réaliste à teneur politique ou sociétale, l'autre prosaïco-lyrique à caractère autobiographique (et donc forcément plus autocentrée).

25. Bonheur irréductible

J'adresse un clin d'œil à cette ex-étudiante qui inspira ce poème en perçant à jour mon secret… Marion m'invita à Toulouse où elle travaillait dans un magasin de chaussures. Je lui répondis que ça me botterait [LOL] de venir la voir mais que c'était compliqué à cause du *pass* (nécessaire pour prendre le train). Ce poème a donc été impulsé par le *chat* que nous avons eu sur Facebook deux jours plus tôt (le 23 janvier 2022). Elle m'écrivit en effet ceci (je compile) : « T'as tous les traits de caractère d'un vampire et ce qui m'a mis la puce à l'oreille c'est le regard […] Tu parais mystérieux pour les humains normaux mais pas pour moi car je lis facilement dans les âmes […] Je ne suis pas humaine non plus je suis une vampire (c'est pourquoi je sais) j'ai plusieurs entités en moi ou du moins je suis plusieurs êtres à la fois […] Et je suis une sorcière qui ne dit pas son nom : sur LinkedIn mes réseaux j'écris jamais mon nom de famille […] En tout cas depuis quelques semaines j'ai de nouveau envie de mordre… » Eh ben ça promet !

26. L'ÉNERVEMENT D'ORPHÉE

J'ai légèrement déformé le propos de Percy Shelley que je paraphrase en conclusion du poème. Shelley dit exactement ceci dans *A Defence of Poetry* (rédigé en 1821 à l'âge de 29 ans et publié à titre posthume en 1840) : « *A poet is a nightingale who sits in darkness and sings to cheer its own solitude with sweet sounds ; his auditors are as men entranced by the melody of an unseen musician, who feel that they are moved and softened, yet know not whence or why.* »

On ne peut pas – je ne peux pas – évoquer le rossignol de Shelley sans mentionner le petit chef-d'œuvre de son ami John Keats, *Ode to a Nightingale* (1819). Ces deux poètes me touchent énormément, comme deux comètes que l'on verrait mourir dans un ciel étoilé : Keats succomba à la tuberculose à l'âge de vingt-cinq ans et Shelley se noya en mer quelques jours avant ses trente.

27. ENIGMA

Noir diamant ou *diamant noir, that is the question…* Mais voici l'arrière-fond de ce texte. Après avoir claqué 190 € en début d'après-midi pour des nouvelles lunettes de soleil, je me suis dit qu'il fallait les amortir par un poème. Dans cette perspective, non sans avoir auparavant acheté un sachet de chocolats Jeff de Bruges, j'ai quitté le centre commercial Mayol pour aller me poser au jardin Alexandre Ier du parc Chalucet. C'est à l'ombre de ses arbres magnifiques (dont les chênes de Mirbeck) que j'ai dégusté lesdits chocolats, continué ma relecture du fameux conte gothico-oriental de William Beckford (*Vathek*, 1786) et donc abouti à « Enigma », qui dorénavant paraîtra beaucoup moins énigmatique… Ne me couperais-je pas l'herbe sous le pied ? Et surtout : l'investissement dans les Ray-Ban en valait-il la peine ? [*I think so* : non pas pour le poème mais pour le look ! 😎]

Ceci n'a rien à voir, mais en citant à l'instant Beckford, j'ai une pensée pour l'un de ses meilleurs spécialistes mondiaux, Didier Girard, que je côtoyais à Strasbourg où il résidait quand il était en poste à l'Université de Haute-Alsace (2009-2013). C'est un être et un hôte d'exception. Après un passage par Tours, je sais que Didier exerce à présent à l'Université Lumière-Lyon-II. Malheureusement je n'ai pas gardé contact, comme souvent… *Shame on me!*

28. Ornithologie

Si je devais retenir un seul poème de ce recueil, je crois que ce serait celui-là, car si je ne l'avais pas « pondu » (métaphore de circonstance), sans doute ce personnage haut en couleur serait-il totalement sorti de ma mémoire d'éléphant d'ici quelques années… La poésie sert aussi à cela : fixer les petits riens de la vie.

Pour les *éventuels* lecteurs du futur – ou ceux qui débarqueraient d'une prochaine invasion extraterrestre : eh oui j'ambitionne d'être lu aux confins de l'Univers par d'autres espèces plus évoluées que la nôtre… –, pour tous les habitants d'exoplanètes donc, je précise que le masque bleu (vers 15) que portait cette drôle de dame était, en pleine pandémie de Covid-19, un masque chirurgical. Quant à ma description du paon, elle reflète la réalité autant que me le permet l'efficacité poétique, ainsi le cou de l'animal tirait-il davantage sur l'indigo que sur le lapis-lazuli… Mais peu importe.

Je conclus cette note par l'article de *Var-Matin* du 10 février 2022 qui titrait « Pré Sandin : les grands oiseaux vont devoir quitter le parc » (agrémenté de photos des principaux intéressés : oies, canards, cygnes…). Le journal annonçait la fermeture prochaine et provisoire du parc pour travaux, à l'issue desquels les grands volatiles ne reviendraient pas : ils seraient définitivement placés en famille d'accueil ou dans des associations de défense animale. Seuls les mandarins et les perruches réinvestiraient les lieux, dans la volière installée par la municipalité.

29. Insoutenable légèreté

Signalons que ce poème *a priori* fantasmatique est uniquement un hommage à Charles Perrault (pour le côté irréel ou merveilleux), Nabokov (pour le lolitisme), Brassens (pour le bécotage sur les bancs publics), Gainsbourg («Je pratique un art mineur destiné aux mineures») et bien évidemment Kundera (pour le titre et la *punch line*). Le lecteur cultivé me pardonnera d'avoir ainsi défloré l'intertextualité mais on m'a pressé de le faire au vu de notre société *meetooisée*. (Du coup je m'interroge : si j'avais intitulé le poème «Balance ton porc», m'aurait-on demandé de trahir l'allusion à Justin Bridou?…) Comme disait Balzac dans *La Comédie humaine* (je cite de mémoire) : «Le reproche d'immoralité est le dernier qui reste à faire quand on n'a plus rien à dire d'un poète.»

Autre précision qui concerne l'avant-dernier vers : n'arrivant pas à déchiffrer correctement mon manuscrit venu trop vite, je ne sais pas si j'ai originellement écrit *médiacratie* ou *médiocratie*. Les deux vont – hélas! – et j'ai avalisé *médiacratie* pour changer un peu (l'autre terme apparaissant déjà dans le poème «Le meilleur du monde»).

30. Furtif

La brièveté de ce poème s'explique par le fait qu'il me soit venu comme un flash à peine dix minutes avant un cours, son titre renvoyant autant à ce contexte et cette modalité d'écriture qu'à ces engins militaires réputés indétectables qui sont l'apanage des guerres modernes. Assis sur un banc au soleil à quelques mètres du bâtiment où j'enseigne, je pensais en effet à l'actualité et à ma traductrice Olga qui vit à Kharkiv et que j'avais appelée deux jours plus tôt. [Bien qu'ukrainienne, c'est Olga qui en 2013 traduisit mon roman *La Cathédrale* dans la langue de Leskov et le fit publier à Moscou d'où il se diffusa dans toute la Russie ainsi qu'en Biélorussie, au Kazakhstan, en Pologne et en Ukraine.] Le matin de mon coup de fil (le samedi 26 février 2022) Olga m'avait paru remarquable de courage et de flegme sous les bombardements du Kremlin :

— Hier beaucoup d'explosions mais ce matin c'est silencieux. [Le feu russe se concentrait alors sur Kiev.]

— Je pense fort à toi, on vous soutient, on vous accueillera au besoin…

Elle me coupe en persiflant :

— Moi réfugiée ? Tu me vois réfugiée ?

— Tu as l'avantage de parler déjà français…

— Non je reste ! Je n'ai pas peur ! Je reste ! Je protège mon appartement.

— Et ton fils [qui a une petite fille] ?

— Il protège sa maison.

Plusieurs immeubles étaient éventrés, il y avait de nombreux morts, et en seulement deux jours des dizaines de milliers d'Ukrainiens avaient déjà fui vers la Pologne… Mais ce n'était que le début de cette guerre d'annexion déclenchée par Poutine et qui fait toujours rage à l'heure où j'écris ces lignes (octobre 2022).

En terminale j'ai eu un (excellent) professeur d'histoire-géographie, M. Jean Héligon, qui disait avec ironie lire dans les astres, où se déterminent parfois les grands événements de ce monde, les grands dirigeants étant assez souvent superstitieux. Or Vladimir Poutine lança les hostilités en Géorgie le 08/08/2008. Et il ordonna l'invasion de l'Ukraine le 22/02/2022. Drôle de numérologie, n'est-ce pas ?… [J'avais sur ce point un poème intitulé « Roulette russe & résilience ukrainienne » mais il fait partie de ceux que j'ai égarés.]

31. Rue de la Porte-de-France

Évidemment (vers 8) un tyrannosaure *piétine*, il ne *soviétise* pas, mais ce sont ces deux mots-là que j'avais simultanément à l'esprit. De toute façon il y a toujours quelque chose de déceptif dans les poèmes à couleur politique, que ce soit chez moi ou chez les autres (y compris chez les auteurs canonisés). Il appert que poésie et politique se marient difficilement, et pourtant elles s'acoquinent facilement…

32. La petite raison dans la prairie

J'ai horreur de ce mot final – *fiel* – mais il s'est imposé.

D'une guerre l'autre : il y a pile vingt-trois ans (le 24 mars 1999) je démarrais *Les Nénuphars de Belgrade* (mon premier roman).

33. Cycling man

Début du poème : Quatre de mes étudiants (trois garçons, une fille) marchaient vers le Mourillon tandis que j'en revenais à vélo et ramassais mon sac de courses tombé à terre (c'était avenue de l'Infanterie-de-Marine).

Au Buffet (vers 13) est un restaurant de La Garde situé avenue Saint-Just, derrière le centre commercial Grand Var, lequel se trouve en face du campus.

J'ai remarqué que l'image du papillon (vers 5) était récurrente sous ma plume intimiste. Pourquoi ? Mystère et boule de gomme. Laetitia l'utilisait quelquefois à mon égard (« précieux petit papillon »). Je sais qu'en écrivant ce poème j'ai eu – Dieu sait pourquoi – une pensée-éclair pour Vladimir Nabokov qui était passionné de lépidoptérologie. Enfant (comme beaucoup d'autres je suppose) je chassais en été les piérides des choux et les machaons dans le vaste champ en bas de notre immeuble...

Je viens d'ouvrir mon journal intime – que je tiens épisodiquement – à l'époque de ce poème « Cycling man » et je croise plusieurs fois cette métaphore du papillon (Charles Mauron, le mythocritique, aurait certainement parlé de *motif obsédant*). Traduit-elle l'éphémère, la beauté, la fragilité, tout cela à la fois ? À la date du 12 mai 2022, après avoir reçu un texto de remerciement de la part de Bernard Thévenet, le double vainqueur du Tour de France, à qui j'avais envoyé quelque chose par la poste (il est vrai que le SMS de Thévenet m'avait touché), j'ai griffonné dans mon Journal : « Un tel message c'est comme de l'or fin qu'on mettrait sous verre pour le protéger de la patine du temps, ou les ailes colorées d'un papillon rare qu'on manipulerait avec le même étonnement et la même tendresse. Je lui ai répondu en deux temps (comme une attaque de Pantani, mais c'était involontaire). »

34. Paradoxes & pot-aux-roses

Salaam Khoobi ? (vers 3-4) signifie *Salut ça va ?* en persan :
سلام. خوبی؟

35. Une semaine à Strasbourg

Thaddée Ntihinyuzwa et Aristie Trendel (vers 3-4) sont d'anciens camarades de thèse, quoiqu'ils soient bien plus âgés que moi. Nous avons soutenu notre doctorat en études anglophones à l'Université Marc-Bloch (Thaddée sur le réveil évangélique est-africain, Aristie sur l'écrivain américain John Updike). L'un enseigne à Strasbourg, l'autre est maîtresse de conférences au Mans. Elle est aussi romancière, écrivant quasi exclusivement en anglais (bien que de langue maternelle grecque) et publiant aux États-Unis.

Tout poème étant un condensé, il frustre parfois la pulsion narrative, et j'aurais aimé m'étendre sur la générosité de ces Géorgiens d'Ukraine (vers 9). Alors que c'est eux qui fuyaient un pays en guerre et trouvaient refuge chez nous, ils me dirent (nous communiquions en anglais) : « Si vous avez besoin de quelque chose, surtout n'hésitez pas ! » Ils sont toujours hébergés à l'ABRAPA (vers 8) qui est l'Association bas-rhinoise d'aide aux personnes âgées ; c'est là que réside désormais l'auteur Jean-Paul Klée (79 ans) cité au vers 6 et faisant l'objet du poème « Pastiche brouillardisé ».

Du café Berlin au Graffalgar en passant par l'Académie de la Bière (vers 14-17) ce sont tous des noms d'établissements strasbourgeois ayant pignon sur rue. *Idem* pour le Gutenberg (vers 5), typique brasserie alsacienne sise à la place du même nom, dont je recommande – à titre exceptionnel – le *wädele* poché au raifort ou celui braisé au Picon bière. Quant à la Bergerie (vers 11) c'est le parc de Cronenbourg où je joue au basket.

Je précise enfin que Kamel est juste un très bon pote, qu'on ne se méprenne pas sur notre relation. Mais c'est vrai que j'ai été radié des listes électorales à mon insu et sans explications, c'est pourquoi cette présidentielle restera pour moi dans les annales…

36. Forever young

Le tube d'Alphaville a toujours été l'un de mes préférés, encore plus sa version longue remastérisée (*the dance remix ultrasound re-extended version*) que j'écoutais dans le train au moment où ce poème se présenta et fulgura sur ma feuille. Il comportait alors au vers 3 une autre hypallage (« Dévergondant le passé je ») à laquelle, pour des raisons esthétiques ou euphoniques, j'ai substitué l'actuelle (« Adulescent délurant le passé ») même si elle n'est pas moins sibylline et que le qualificatif d'adulescent ne correspond pas vraiment à la réalité. Mais je détaille tout cela au lieu de recopier un ou deux SMS éloquents de cette jeune Marocaine de 24 ans (Oumaïma) dont il est question ici, ce qui éclairerait bien mieux la « fuite » finale sur mon tapis volant… *See you!*

L'auteur

« *Olivier Larizza est un auteur prolifique et divers, qui touche avec bonheur à nombre de genres* » *dit la revue* Europe *(fin 2022). Son œuvre, entamée en 1999, comporte de multiples articles et trente ouvrages : recueils de poèmes, romans, récits, contes, nouvelles, journal, théâtre (un peu), études & essais (il est universitaire de son état).*

Plusieurs de ses textes ont reçu des prix et sont traduits en Ukraine, Russie, Iran, Roumanie, Serbie… (une dizaine de pays). Le Figaro Magazine *a parlé de « l'un des romanciers les plus doués de sa génération ». Le journal* L'Alsace *évoque « un auteur hors norme, attachant, modeste et très éclectique dans son écriture ». Une prose « où l'humble touche au sublime » d'après* Valeurs Actuelles. *Sa poésie, juge la revue* Europe, *est le produit d'un esprit « rebelle ». Ses essais, « tout en nuances et en intelligence » selon* Le Temps de Genève, *portent sur la société du numérique et les défis de notre époque, ou encore sur Mary Shelley, dont il est spécialiste.*

Ce quadragénaire est né à Thionville, en Lorraine, dans une famille d'origine ouvrière ayant immigré d'Italie (aux trois-quarts) et de Hongrie. Il a fait des études d'angliciste jusqu'à l'agrégation et au doctorat tout en voyageant en Europe et en Amérique du Nord.

D'abord enseignant-chercheur à la Faculté de Strasbourg, il a été maître de conférences à l'Université des Antilles en Martinique et chercheur à l'Université de Haute-Alsace, avant de rejoindre (en 2016) l'Université de Toulon. Il vit aujourd'hui entre la Côte d'Azur et Strasbourg, qui sera capitale mondiale du livre en 2024.

Table

Préface de l'auteur   9
Notes de la préface   19
Note de l'éditeur   26

Prélude

Timéo   31
Amoureux souviens-toi…   33

Héros de l'obscur

Haut-de-forme   39
Loterie du faucon pèlerin   40
Crépusculaire déjà ?   41
En terrasse sans pass   42
Mistral perdant   43
Lorelei d'Orient   44
Bovarysme   45
Le meilleur du monde   46
FNRS III   47
Les fleurs du choix   48
Plage du fort Saint-Louis   49
Mon royaume pour une jument   50
King of the blues   51

Offense	52
Purificateur d'air	53
Jour sans importance	54
Toujours seul	55
Pastiche brouillardisé	56
Rien à carrer !	57
Elvis presse-les !	58
Histoires ordinaires	59
Private Ejaculation	60
Café en douce	61
Vie de chien ?	62
Fable climatique	63
Le Bluffeur	64
Oliver Scissorhands	65
Foules sentimentales	66
Faux-semblants	67
Bonheur irréductible	68
L'énervement d'Orphée	69
Enigma	70
Complexe de supériorité	71
Ornithologie	72
Insoutenable légèreté	73
L'humour & l'inconscient	74
En exil	75
Furtif	76

Rue de la Porte-de-France	77
La petite raison dans la prairie	78
Cycling man	79
Paradoxes & pot-aux-roses	80

Reconquête

Une semaine à Strasbourg	83
Forever young	85
Destination ailleurs	86
Notes Bonus	87
L'auteur	111

Disponible chez Andersen

JEAN ALESSANDRINI
    Sherlock Holmes compléments d'enquête (Sensations)

LAURENT BAYART
    Les Charmes du Val-d'Ajol (Évasion)
    À pleins poumons (Confidences)

JEAN-MARIE BROM, FLORIANE DUPRÉ, ANDRÉ HATZ, JEAN-PAUL KLÉE, OLIVIER LARIZZA
    Fessenheim et le dogme nucléaire français (Réflexions)

ARNAUD CAËL
    Mon Ventoux (Sportitude)
    Roger Federer jusqu'au bout de la nuit (Sportitude)

JOSEPH CONRAD, STÉPHANE GOUNEL
    Le Comte (Confidences)

MICHEL HERLAND
    L'Homme qui voulait peindre des fresques (Poésia)
    La Mutine (Veracity)

JEAN-PAUL KLÉE
    Kathédrali (Confidences)
    Manoir des mélancolies (Confidences)

MARIE-JEANNE LANGROGNET-DELACROIX
    Le Pauvre Curé qui brûle (Humour)

OLIVIER LARIZZA
    La Condition solitaire (Poésia)
    La Mutation (Confidences)
    L'Entre-Deux (Confidences)
    L'Exil (Confidences)
    Nouvel An à Bruxelles (Évasion)
    Le Best-Seller de la rentrée littéraire (Humour)

Claudine Malraison
La Grange aux souvenirs (Confidences)

Elsa Nagel
Le vent de Tanger rend fou (Évasion)

Gérard de Nerval, Jean-Paul Klée, Olivier Larizza
Les Charmes de Baden-Baden (Évasion)

Pierre Thiriet
Mission impassible (Humour)

Pierre Zeidler
La flemme est l'avenir de l'homme (Humour)

Imprimé en Allemagne
sur du papier écoresponsable labellisé FSC
pour le compte d'Andersen (Paris – VIIIe)
www.andersen-editions.com
Distribution Sodis (Gallimard)
Dépôt légal : janvier 2023